Liebe Mani,

Heute wirst Du „85" u. fragst dich sicher wie Du das geschafft hast. Wir würden sagen mit „Bravour" denn es war bestimmt nicht immer einfach. Wenn wir blos daran denken wie es war mit einem Baby u. einem kleinen Jungen, die u. Mani nicht der englischen Sprache mächtig in ein fremdes Land auszuwandern in das in einer Zeit in der man die „Deutschen" nicht gerade willkommen geheißen hat. Aber Ihr habt es geschafft u. Canada ist eine Heimat geworden wenn auch ab u. zu mal ein wenig Heimweh aufkommt. Dieses Buch wird dich vielleicht auch an manches Erlebnis aus deiner Kindheit oder Jugend erinnern, mal mit einem Schmunzeln aber manchmal auch mit Wehmut aber immer mit Liebe wir umarmen dich,
in Liebe
Petra u. Kalle
Jürgen Irene   Erika u. Catrina

Kurt Werner Kolbe
Susanna Kolbe

Wartberg Verlag

Impressum

Bildnachweis:

Archiv Kurt Werner Kolbe: S. 5–9, 11, 13, 14 r., 17, 18 o., 19, 21–23, 29 l., 33 r.–36, 47, 48, 61 r., 63; Archiv Jürgen Müller: S. 28, 52, 54, 56; Archiv Dieter Grossherr: S. 10, 33 l.; Archiv Werner Dettmar: S. 57; Bruni Simon, Platten: S. 25; Friedrich Reim: S. 27; Stadtarchiv Bielefeld: S. 51, 61 l.; Institut für Stadtgeschichte, Frankfurt am Main: S. 37; Stadtarchiv Kassel: S. 12 (2), 15, 42, 59; Fotohaus C. Eberth, Kassel: S. 14 l., 20, 41; Stadtmuseum Kassel: S. 43, 44, 50; ullstein – Schäche: S. 32; ullstein – SV Bilderdienst: S. 29 r., 39 l.; ullstein bild: S. 26, 31, 38, 39 r., 40, 55; Quelle unbekannt: S. 18 u.

Wir danken allen Lizenzträgern für die freundliche Abdruckgenehmigung.
In Fällen, in denen es nicht gelang, Rechtsinhaber an Abbildungen zu ermitteln,
bleiben Honoraransprüche gewahrt.

5. Auflage 2011
Alle Rechte vorbehalten, auch die des auszugsweisen
Nachdrucks und der fotomechanischen Wiedergabe.
Gestaltung und Satz: Ravenstein und Partner, Verden; S. Voßwinkel, Berlin
Druck: Druck- und Verlagshaus Thiele & Schwarz GmbH, Kassel
Buchbinderische Verarbeitung: Buchbinderei Büge, Celle
© Wartberg Verlag GmbH & Co. KG
34281 Gudensberg-Gleichen • Im Wiesental 1
Telefon: 0 56 03/9 30 50 • www.wartberg-verlag.de
ISBN: 978-3-8313-1626-7

Liebe 26er!

Unsere Kindheit und Jugend ist von so weitreichenden und existenziellen Ereignissen geprägt worden, dass dies für die späteren Generationen kaum fassbar werden kann. Wir sind als Pimpfe und Jungmädel aufgewachsen, zur Hitlerjugend geworden, hatten wenig Wahl uns zu entscheiden; ob Junge oder Mädchen, haben wir unseren Kriegsdienst abgeleistet. Die meisten haben unvorstellbares Grauen gesehen und erlebt, ob zerstörte Städte in der Heimat oder die Erfahrung des Tötens und Sterbens an der Front.

Es stellt sich die Frage, ob wir überhaupt eine Jugend gehabt haben, ob wir überhaupt ein bisschen unbeschwert unser junges Leben genießen konnten.

Aber so können eigentlich nur die Jungen denken, deren Leben in so krassem Widerspruch zu unseren Jugendjahren steht. Sicherlich ist uns Zeit gestohlen worden, ist unser Denken und Handeln aufs intensivste beeinflusst worden, haben wir Leid erlebt, haben wir als Überlebende noch Glück gehabt, bei allen Verletzungen und Erfahrungen, die man keinem wünschen mag. Und doch: Bei allem Zwang haben wir in diesen Jahren Spaß gehabt, Unsinn gemacht, haben geschwärmt und uns verliebt.

Wenn wir heute darüber nachdenken und unsere Erlebnisse weitererzählen, tritt uns die Zeit noch einmal viel klarer vor Augen. Manches wird dann – auch schmerzlich – bewusst, was wir als Jugendliche mit naiver Abenteuerlust angegangen sind. Es mischt sich mit nachträglichem Schauder über die durchlebte Gefahr; und auch unser burschikoses Desinteresse am Leid anderer, unsere Hitlerjugend-Arroganz lässt zuweilen schaudern.

Viel Zeit ist inzwischen vergangen und wir 26er sind darüber alt geworden. Ich freue mich, dass ich mich durch die Gespräche mit meiner Tochter noch einmal intensiv mit unserer Vergangenheit beschäftigt habe. Ich wünsche mir, dass die folgenden Seiten auch für Sie Anregung sind, in die eigene Geschichte einzutauchen. Und darüber zu reden, sich auszutauschen und den Kindern und Enkelkindern die Möglichkeit zu geben daran teilzuhaben.

Ich danke meinen alten Freunden und Klassenkameraden, die an den folgenden Seiten mitgewirkt haben, und meiner Tochter für die Geduld, einem alten Mann zuzuhören und einen Text daraus zu machen, und widme das Buch meinen Enkelkindern.

Kurt Werner Kolbe

1926-1928

Vom Stubenwagen aufs Dreirad

Das 1. bis 3. Lebensjahr

„Goldene Zwanziger"

Was haben Maria Schell, Dietmar Schönherr, Erhard Eppler, Klaus Kinski, Ingeborg Bachmann und Siegfried Lenz gemeinsam? Sie alle sind in einem Jahr geboren, das man hierzulande zu den „Goldenen Zwanzigern" rechnet.

In den Großstädten pulsiert das Leben, Kunst und Kultur warten mit Höhepunkten auf. Josefine Baker tanzt in Berlin, Fritz Langs Metropolis läuft in den Kinos an, Wedekinds Lulu hat Uraufführung und Max Schmeling wird deutscher Meister im Halbschwergewicht. Im deutschen Reich leben 62 Millionen Menschen. Das Verkehrsaufkommen ist enorm angestiegen, sodass in Berlin die ersten Ampeln in Betrieb genommen werden. Die Lufthansa wird gegründet, Daimler und Benz fusionieren.

Aber es herrscht zugleich massenhaft Arbeitslosigkeit. Die politischen Verhältnisse der Weimarer Republik geraten zusehends aus dem Ruder und der Nationalsozialismus wirft seine düsteren Schatten voraus. Der Jahrgang 1926 erblickt das Licht der Welt in einem Moment, in dem sich der „Bund deutscher Arbeiterjugend" formiert, die spätere Hitlerjugend, die unsere jungen Jahre bestimmen wird.

Hurra, ein Zweitkind!

1926 ging es wieder aufwärts, so glaubte man. Die Inflation hatte viele betroffen, gerade auch ältere Menschen, die so genannte Kriegsanleihen gezeichnet hatten, um bei der

Chronik

6. Januar 1926
Die Deutsche Lufthansa wird gegründet.

14. Februar 1926
Hitler setzt sich auf einer Tagung der NSDAP gegen Gregor Strasser durch.

15. Februar 1926
Es gibt 2,4 Millionen Arbeitslose im Deutschen Reich.

7. Juli 1926
Der Bund Deutscher Arbeiterjugend wird gegründet.

1. Oktober 1926
Die ersten Verkehrsampeln werden in Berlin aufgestellt.

4. Dezember 1926
Das Bauhaus in Dessau wird eingeweiht.

6. Mai 1927
Nach Ausschreitungen werden die NSDAP und ihre Organisationen verboten.

20./21. Mai 1927
Charles Lindbergh fliegt nonstop von New York nach Paris.

31. März 1928
Das NSDAP-Verbot wird wieder aufgehoben.

11. April 1928
Der erste Rennwagen mit Raketenantrieb wird getestet.

16. August 1928
Das Passagierschiff „Bremen" läuft in Hamburg vom Stapel.

28. August 1928
Der Briand-Kellogg-Pakt zur Ächtung des Krieges wird abgeschlossen.

31. August 1928
Brechts „Dreigroschenoper" wird uraufgeführt.

5. September 1928
Alexander Fleming entdeckt das Penicillin.

Der Stammhalter, ein Zweitkind

„Verteidigung des Vaterlandes" zu helfen. Manch einer war bettelarm geworden.

Der von vielen geachtete Feldmarschall von Hindenburg war zum Reichspräsidenten gewählt worden, die Aufnahme Deutschlands in den Völkerbund stand bevor. Der Ruhrkampf, der Widerstand gegen die französische Besetzung, war schon beinahe vergessen. An die bald drohende Weltwirtschaftskrise dachte noch kaum jemand. Aber die Menschen blieben misstrauisch: Viele Ehepaare hielten sich an das „Einkindprinzip", „Zweitkinder" waren weithin unerwünscht, auch in bürgerlichen Kreisen. Natürlich war bei vielen aber auch Familienplanung noch ein Fremdwort – und so setzte sich das Prinzip nicht durchgängig durch. Auch bei uns nicht: Ich war ein bürgerliches Zweitkind.

Kinderspielzeug: männlich – weiblich

Obwohl viele Haushalte Dienstboten oder andere Angestellte hatten, blieb die Versorgung der Kleinkinder in den Händen der Mütter. Die Babypflege ließen sie sich nicht nehmen; sie wickelten, puderten und cremten uns ein auf einem eigens vorgesehenen arbeitsfreundlich hohen Wickeltisch, wo nicht selten auch mal eines der Kleinen herunterfiel. Unsere Windeln waren aus Baumwollstoff und mussten auf dem Küchenherd ausgekocht werden.

Stolz präsentierten sich die Mütter mit den Jüngsten beim Ausfahren mit dem Kinderwagen. Väter suchte man hier vergebens.

Um die Kleinen in Sicherheit zu wissen – und nicht ständig aufpassen zu müssen, wurden wir in Laufgitter gesteckt, aus denen wir nicht fliehen konnten.

Wie später auch, waren unsere Spielzeuge Stofftiere und Puppen, der Kreisel, das Schaukelpferd; wir bauten mit bemalten Holzklötzen, schoben hölzerne Fahrzeuge vor uns her. Das erste Dreirad bekam ich mit zwei Jahren, als meine ältere Schwester einen Kinderwagen für ihre Zelluloidpuppe bekam.

Bei uns im Haus

Es war die Periode „relativer Stabilisierung", in die wir hineingeboren waren, die etwa bis 1929 dauern sollte. Diese kurzzeitige Besserung brachte für viele, vorwiegend mittelständische Familien, einen hohen Standard, was Haushalt und Ernährung betraf. Die „Damen des Hauses", unsere Mütter, hatten noch ganz im bürgerlichen Sinne der Jahrhundertwende einen Haushalt unter sich, den sie vor allem organisieren mussten und dabei Arbeiten delegieren konnten. Als Repräsentantin der bürgerlichen Kleinfamilie legte sie nur selten selbst Hand an die Haushaltdinge. Sie verwaltete das Haushaltsgeld und musste sich auch in guten Zeiten der 20er Jahre ums Sparen kümmern.

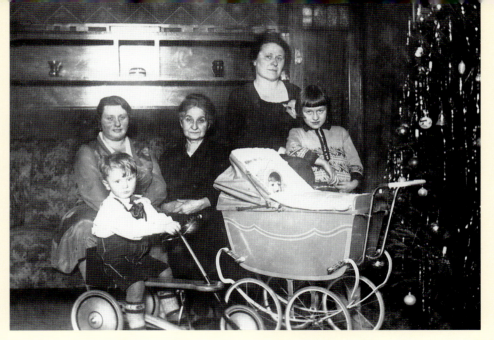

Dreirad unterm Christbaum 1929

In vielen Familien gab es Dienstboten. Dienstmädchen, die meist vom Land kamen, waren für Putzen, Waschen und Kochen zuständig: für 20 Reichsmark bei freier Unterkunft und Verpflegung. Sie lebten mit in der Wohnung oder in einer Mansarde und gehörten mit zur Familie. Besondere Sympathie genossen sie bei uns Kindern vor allem dann, wenn sie unseren Speiseplan bereicherten, wie unser „Mädchen" aus Thüringen mit seinen umwerfenden Knödeln. Bis auf die Repräsentationspflichten wie das Empfangen und Bewirten von Gästen nahm das „Mädchen" der Hausfrau einen großen Teil der Arbeit ab. Um die Kinderpflege allerdings bemühte sich die Mutter selbst und schob uns im eleganten Kostüm und immer mit Hut durch die Straßen und Parks.

Es war die Zeit, als Ideen für eine rationalisierte und technisierte Haushaltsführung aufkamen. In diesen Genuss kamen zunächst nur wenige Familien, obwohl dies gerade in Arbeiterhaushalten, in denen die Frauen neben ihrer Hausarbeit erwerbstätig sein mussten, bitter nötig gewesen wäre.

In unserer dunklen, plüschigen und verzweigten Wohnung – mit einer Mutter, die immer im Hause war und keiner außerfamiliären Tätigkeit nachging – bestand keine Notwendigkeit der Technisierung. Unsere Dienstmädchen erledigten die Dinge.

Wir hatten keine Wasch- oder Spülmaschine; auch der Kühlschrank funktionierte noch nicht elektrisch. Es war ein Eisschrank, der mit Stangeneis aus der Brauerei bestückt wurde und unsere zu kühlenden Lebensmittel eine Weile frisch hielt: Ein schlichter hölzerner Schrank mit einem Fach für das Eis und einem Auffangbehälter fürs allmählich Schmelzende. Einziges technisches Hilfsmittel war der Staubsauger. Das Wäschewaschen war in der Stadt wie auf dem Land eine langwierige Angelegenheit, die im mehrwöchigen Abstand in der Waschküche des Mietshauses stattfand. Am ersten Tag weichte man die Wäsche ein, am

Ausfahrt im Kinderwagen

zweiten wurde gewaschen, am dritten getrocknet und gebleicht auf der Wiese hinter dem Haus. Große Wäscheteile wurden anschließend mit dem Bollerwagen zur Heißmangel gebracht. Kleinere Teile wurden im Haus gebügelt.

Auch das Heizen war eine aufwändige Tätigkeit, denn wir hatten natürlich Kohleöfen und keine zentrale Wärmeversorgung. Zentralheizung gab es auch in Häusern gehobenen Standards nur selten. Im Keller lagerten Kohlen und Briketts, die in den dritten Stock transportiert werden mussten. Morgens mussten die Öfen erst gereinigt und die Asche fortgebracht werden; tagsüber musste man sie regulieren und aufpassen, dass sie nicht ausgingen. Im Badezimmer gab es bereits einen Gasbadeofen, der immer warmes Wasser spendete, wenn man den Hahn aufdrehte. Hier war aber Vorsicht geboten: das Zündflämmchen durfte auf keinen Fall durch Zugluft ausgeblasen werden.

Das konnte gefährlich werden und wir Kinder hatten großen Respekt davor. Das Bad war den „Herrschaften" vorbehalten. Unsere „Mädchen" wuschen sich in Waschschüsseln in der Küche, was in vielen Haushalten ohne Badezimmer generell gang und gäbe war. Neben dem Kohlenkeller gab es einen Raum zum Einkellern der Kartoffeln, wo auch Eingemachtes wie Marmelade, Obst oder Gurken in Gläsern lagerte.

Zum Einkaufen gingen unsere Mütter zum Bäcker, Metzger und zum Milch- und Käsegeschäft; alles Übrige bekam man im Tante-Emma-Laden: Lebensmittel wie Erbsen, Linsen, Essig, Öl, auch Wasch- und Putzmittel, Fliegenfänger oder Bonbons, eine Art Supermarkt im Kleinen. Die Lebensmittel waren zum großen Teil nicht fertig verpackt, sondern wurden einzeln abgewogen und in Tüten verschlossen, so wie man seine Milchkanne beim Milchholen füllen ließ. Hierhin oder zur Bäckerei wurden wir Kinder häufig geschickt. Kuchen backten wir wöchentlich zu Hause und brachten die Bleche um die Ecke zur Bäckerei, wo sie in den großen Ofen geschoben wurden und wir mit einem heißbegehrten Sahnetörtchen belohnt wurden. Noch war nichts rationiert.

Wenn wir kleinen Kinder uns ganz allein was gönnen wollten, gingen wir nur ein paar Schritte bis zur Trinkhalle. Dort bekamen wir all das, was uns die Mutter nicht mitbrachte: Lakritzschnecken, Veilchenpastillen, riesige Himbeerbonbons, Dauerlutscher für einen halben Pfennig, auch Kaugummi, was uns aber viel zu teuer war, und „Kwatsch", eine Art Limonade, der man mit Druck auf eine Kugel Kohlensäure zuführen konnte; häufig landete ein großer Teil des Sprudels dann auf dem Hemd, was ordentlich klebte.

1. bis 3. LEBENSjahr

Hinaus aufs Land!

Familie im Grünen

In die Sommerfrische

In den 20er Jahren Urlaub machen, mit der Familie in die Ferien fahren, das gab es bei uns – und vielen anderen – nur selten. Mein Vater war zu sehr beschäftigt und in seiner Firma – auch wegen der sich anbahnenden Wirtschaftskrise – stark unter Druck. Dass die Mutter mit kleinen Kindern allein verreiste, war nicht üblich. Daher fuhren wir in unseren frühen Kinderjahren, vor 1930, einfach nur ein paar Tage aufs Land hinaus. Wir hatten keine dörfliche Verwandtschaft und mieteten uns in einer Pension ein. So fuhren wir kaum 20 km aus der Stadt heraus auf eine idyllische Mühle in der Mittelgebirgslandschaft.

Hier konnten wir befreit auf Wiesen herumtollen, landwirtschaftliche Nutztiere aus nächster Nähe sehen, einfach in frischer Luft sein – die kleine Familie zusammen.

Familienurlaub an der See oder im Hochgebirge kannten wir Ende der 20er Jahre noch nicht – das war den Großbürgern vorbehalten.

Unser Jahrgang: Die Prominenz

11. Feb.	**Paul Bocuse**,	Koch
21. April	**Elisabeth II.**,	engl. Königin
19. Mai	**Peter Zadek**,	Dramaturg
25. Mai	**Max von der Grün**,	Schriftsteller
26. Mai	**Miles Davis**,	Musiker
1. Juni	**Marilyn Monroe**,	Schauspielerin
25. Juni	**Ingeborg Bachmann**,	Schriftstellerin
30. Juni	**Peter Alexander**,	Sänger
13. Aug.	**Fidel Castro**,	Staatsoberhaupt
15. Okt.	**Michel Foucault**,	Philosoph
18. Okt.	**Klaus Kinski**,	Schauspieler
20. Dez.	**Otto Graf Lambsdorff**,	Politiker

1929–1931
Unsere kleine Welt – zwischen Haus, Hof und Straße

Das 4. bis 6. Lebensjahr

Wir Straßenkinder

Auch wenn das „Einkindprinzip" sich verbreitet hatte, mangelte es uns nicht an Spielkameraden. Gespielt wurde auf der Straße, fast überall in der Stadt, die Ende der zwanziger Jahre, Anfang der dreißiger noch nicht gefährlich belebt war. Wir sind praktisch auf der Straße aufgewachsen.

Die Kleinsten fuhren mit Dreirädern, spielten Reifentreiben und Brummkreisel, es gab Sandkästen in den Gärten. Auf abschüssigen Straßen kamen unsere Tretroller besonders gut in Schwung.

Beliebt und weit verbreitet waren die „Holländer", die im Sitzen per Hand betrieben wurden. Der Traum von einem Wipproller, der von einer Zahnstange an einem kleinen Brett angetrieben wurde, ging nur bei wenigen in Erfüllung.

Fahrräder hatten wir kleineren Kinder noch kaum, denn es gab keine Hilfen gegen das

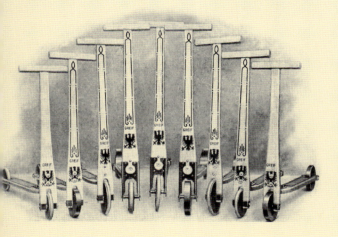

Chronik

3. Mai 1929
„Blutmai": Unruhen während der Maikundgebungen; insgesamt 33 Demonstranten werden getötet.

1. September 1929
„Graf Zeppelin" kehrt nach 21-tägigem Flug um die Welt zurück.

25. Oktober 1929
„Schwarzer Freitag" an der New Yorker Börse.

10. Dezember 1929
Thomas Mann bekommt den Nobelpreis für Literatur.

14. Januar 1930
SA-Sturmführer Horst Wessel wird niedergeschossen und zum Märtyrer der Nazis.

31. März 1930
Hindenburg beauftragt Heinrich Brüning mit der Kabinettsbildung: Notverordnungen.

12. Juni 1930
Max Schmeling wird Boxweltmeister aller Klassen.

30. Juni 1930
Die letzten französischen Truppen ziehen aus dem Rheinland ab.

19. September 1930
Der Film „Die Drei von der Tankstelle" wird uraufgeführt.

15. März 1931
Es gibt fast 5 Millionen Arbeitslose in Deutschland.

1. Mai 1931
Das Empire State Building wird als das höchste Gebäude der Welt eingeweiht (381 Meter).

11. Oktober 1931
Die „Harzburger Front" wird gegründet: NSDAP, Großindustrielle und rechte Parteien kämpfen gemeinsam gegen die Demokratie.

Junger Radfahrer

Umfallen wie die späteren Stützräder. Oft mussten die Räder der älteren Kinder zum Lernen herhalten, die man – ohne auf dem Sattel sitzen zu können – bewegte, wenn man seine Beine unter dem oberen Rohr des Rahmens hindurchsteckte – das gab abenteuerlich anmutende Schräglagen.

Straßenverkehr

Ab und zu rumpelte ein von Elektromotoren betriebener Postwagen langsam vorbei. Kohlen, Kartoffeln oder Eisstangen (für die damaligen Eisschränke) wurden von Pferdefuhrwerken gebracht. Auch die Wäscherei lieferte per Pferdegespann aus. Imponierend für uns Kinder und vor allem im Sommer interessant waren die Wassersprengwagen zur Straßenreinigung, ein großer Kesselwagen mit

Markttag in der Stadt *Andrang vor der Suppenküche*

Brause hinten und an der Seite, in deren Strahl wir uns bei warmem Wetter vergnügten.

Ein paar Leute in der Straße hatten schon einen privaten Kraftwagen, wie der Notar von nebenan mit einem repräsentativen Opel, dessen Reserveräder, Schalthebel und Bremse noch außen angebracht waren. Aber es waren nur wenige Privatautos, die wir mit großen Augen bestaunten; und wenn wir Glück hatten, kam auch mal zu uns Besuch mit Auto. Dann durften wir jauchzend mitfahren mit einem Onkel oder Freund der Familie und für uns aufregende Runden im Viertel drehen.

Schwierige Zeiten

Wir konnten inzwischen gut laufen, durften im Sandkasten spielen, unsere nahe Welt mit Dreirädern und anderen Fahrzeugen auf der Straße vor den Häusern erkunden.

Vom mühevollen Alltagsleben in Armut, das vielen Menschen in diesen Jahren aufgebürdet war, wussten wir unbekümmerten Bürgerkinder natürlich nichts.

Die Arbeitslosenzahlen im Deutschen Reich waren innerhalb des Jahres 1931 auf 5,6 Millionen angestiegen; in unserer Stadt, die durchaus viele Industriebetriebe hatte, waren fast 34 000 Menschen ohne Arbeit. Das waren nicht nur Fabrikarbeiter, sondern auch Kaufleute, Handwerker, Ladenbesitzer. Die Weltwirtschaftskrise war deutlich spürbar angekommen. Ein wenig davon konnten wir erahnen, wenn wir beim Ausflug in die Innenstadt die Schlangen vor den Volksküchen sahen. Dort standen jeden Tag Hunderte an, um einen Teller Suppe zu bekommen und den Tag zu überstehen. Viele Familien mussten täglich ums Überleben kämpfen; dazu kamen höchst unzureichende, sehr beengte Wohnverhältnisse, auch in unserer Stadt. Die Altstadt war immer dichter bebaut worden, die Wohnungen ohne jeglichen Komfort, mit katastrophalen sanitären Einrichtungen, häufig nicht mehr als elende Behausungen.

Diese Situation war – auch räumlich – weit von unseren Verhältnissen entfernt. Und doch: Mein Vater, Kaufmann und Prokurist einer großen Firma, setzte seine ganze Kraft für den Betrieb ein, machte selten Ferien mit uns, saß auch wochenends über Büchern und Akten, war ständig auf Messen oder im Außendienst unterwegs und oft sehr angespannt. Wir sahen nicht viel von ihm. Zuweilen saß er in seinem „Herrenzimmer" mit einer Zigarre, die ich ihm manchmal über die Route meiner elektrischen Eisenbahn zusandte, am Kamin und wirkte besorgt. Was wir erst später aufdeckten: Sein Arbeitsvertrag musste in den schwierigen Zeiten der wirtschaftlichen Krise monatlich erneuert werden. Er saß auf einem Pulverfass, stand unter enormem Druck, seine Stellung zu behalten. Auch andere Väter in meiner Umgebung hatten um ihre Position zu kämpfen, mussten um den Weiterbestand ihrer Firma oder Bank bangen.

In der Altstadt – noch unzerstört

Politik auf der Straße

Die politische Situation war ein einziges Desaster, kaum zu durchschauen: Die Kabinette in der späten Weimarer Zeit wurden häufig abgelöst, politische Entscheidungen kaum zu treffen, schon gar nicht einzuhalten. Durch die sich verschärfende Wirtschaftskrise war ein großes Potential an Wut und in Folge auch Militanz unter den Arbeitern und der wachsenden Zahl von Menschen ohne Arbeit entstanden und auch zu spüren. Die als „Blutmai" bezeichneten Unruhen während der Maikundgebungen 1929 in Berlin, als bei Zusammenstößen zwischen Polizei und Demonstranten 33 Demonstranten getötet wurden, waren ein erster Höhepunkt der Auseinandersetzungen zwischen Kommunisten und Nazis. Man hörte von schweren Straßenschlachten während Aufmärschen der SA. Der SA-Sturmführer Horst Wessel wurde niedergeschossen und zum Märtyrer emporgehoben. Noch waren wir Kinder zu klein, um etwas davon mitzubekommen – mit dem „Horst-Wessel-Lied" wurden wir allerdings in den folgenden Jahren erzogen.

Einen „blutigen Mittwoch" gab es 1930 auch bei uns: Elf Menschen wurden dabei schwer verletzt. Nationalsozialisten und Nazigegner lieferten sich schwere Straßenkämpfe, die immer brutaler wurden. Züge von Kommunisten und Formationen von Nazis konnten wir in der Innenstadt drohend aufeinander zu marschieren sehen. Schlimmes befürchtend zog uns die Mutter aus der Gefahrenzone rasch ins nächste Ladengeschäft. Noch blieb es uns erspart, in Kämpfe verwickelt zu werden.

Familie am Sonntag: ganz in Weiß

Graf Zeppelin kommt!

Die ganze Stadt war im Herbst 1930 auf den Beinen, um ein gigantisches Wunderwerk der Technik zu bestaunen. Nur selten war ein solcher Koloss der Lüfte zu sehen. Wir kleinen Kinder wurden einfach mitgeschleppt und mit der überfüllten Straßenbahn ging's zum Vorortflugplatz, um das Spektakel bloß nicht zu verpassen, das ein sehr kurzes war. In Volksfeststimmung begrüßte die Stadt das Luftschiff, das eine Viertelstunde später wieder abhob. „Graf Zeppelin", 1928 gebaut, war rasch zum erfolgreichsten Zeppelin aufgestiegen: 1929 hatte es schon die ganze Erde umfahren, zwischen 1930 und 1936 war es auf dem transatlantischen Liniendienst eingesetzt und hatte zwischendurch noch eine Arktisreise gemacht.

Erst Jahre später, 1936, überflog uns die „Hindenburg", leider wegen schlechter Witterung am Himmel von uns nicht zu entdecken. Wir würden sie auch später nicht mehr sehen, denn bei einer Landung in Lakehurst bei New York ging sie in Flammen auf – eine Katastrophe mit vielen Opfern, die das Ende der deutschen Luftschiff-Ära einleitete.

Sonntags im Grünen

Viel Zeit für die Familie hatten die Väter meist nicht. Aber der sonntägliche Spaziergang in den großen Bergpark fiel selten aus. Man fuhr mit der Straßenbahn zur Endstation und ging dann zu Fuß zum Schloss und Schlossteich. Die ganze Familie war fein herausgeputzt, sportliche Kleidung am Sonntag war verpönt: Vater ging mit Krawatte, Hut und Stock, Mutter führte den neuesten Hut vor – wenn es nicht gar so windig war. Manchmal ging es weit den Bergpark hinauf, dann pilgerte man mit der bei schönem Wetter großen Menschenmenge zu den Stationen der romantischen Wasserspiele des Parks, den Kaskaden, Brücken, Wasserfällen, dem künstlichen Aquädukt. Man landete schließlich bei der großen Fontäne, immer wieder ein Ereignis für die sonntägliche Gesellschaft, das mit begeisterten Jubelrufen begleitet wurde.

Für Sonntagsausflüge nützlich und immer wieder ein Erlebnis war unsere Herkulesbahn, ursprünglich eingesetzt um Braunkohle aus dem Abbaugebiet des Habichtswaldes zu transportieren, später dann zur Personenbeförderung in das gebirgige stadtnahe Gebiet. Da war vor allem am Wochenende, sommers wie winters, etwas los. Die Bahn war die einzige in Europa, die ohne Zahnradantrieb diese Steigungen bezwingen konnte. Das beeindruckte uns Kinder und erleichterte uns den Aufstieg.

Ab und zu gab es auf solchen Ausflügen auch eine kurze Rast, z. B. in einem von allen Schichten gut besuchten Café. Draußen war zu lesen: „Hier können Familien Kaffee kochen", was bedeutete, dass man sein eigenes mitgebrachtes Kaffeepulver dort für 20 Pfennige aufbrühen lassen und dazu ein schönes Stück Kuchen essen konnte. Das war gerade eben erschwinglich. Aber es hieß aufpassen, dass man auch den „richtigen" (den eigenen) Kaffee bekam, worüber manchmal heftiger Streit entstand. Einmal musste allerdings dieses Sonntagsvergnügen ausfallen. Meine Mutter hatte mir nämlich unvorsichtigerweise meinen „Sonntagsstaat", den weißen Anzug mit kurzer Hose, schon vormittags angezogen. Ich spielte unbekümmert auf dem uns benachbarten Kohlenlagerplatz, was natürlich schlimme Folgen hatte.

Seltener und meist nur mit der Mutter ging es hinunter zum Park am Fluss. Dort gab es Anfang der 30er Jahre einen winzigen Zoo, zum Entzücken der Kinder. Mein Favorit war das einzige Lama, weil es einen immer so traurig ansah – und nie spuckte.

Wenn endlich mal wieder Rummel war, bedrängten wir unsere Eltern sehr. Wir wollten Karussell fahren, die Schiffsschaukel in

Dampferfahrt als Sonntagsausflug

Schwung bringen und mit Schienenautos und Autoscootern Runden drehen. Wir bestaunten fremdartige Tiere und wahnwitzige Artisten, lauschten sogar noch Moritatensängern. Im Hippodrom saß ich das einzige Mal in meinem Leben auf einem Pferd. Und nur einmal gab es eine Attraktion, die ich jedes Jahr aufs neue vermisste: Ein Wasserbassin mit Motorbootscootern, offenbar eine riskante Angelegenheit. Alles für 10 Pfennig Eintritt auf dem Rummelplatz.

Herausragendes Erlebnis war jedes Jahr das große lokale Volksfest am Fluss, dessen Höhepunkt der Wasserfestzug war, ein Riesenspektakel mit verrückt geschmückten Booten und Kostümen. Es war kaum ein Durchkommen bis zum Fluss. An ruhigeren Sonntagen zog es uns zur Anlegestelle des Schaufelraddampfers, der uns – oft voll besetzt – den Fluss hinauf in Ausflugslokale brachte, wo es riesige Windbeutel gab.

Die Schule hat uns

Das 7. bis 10. Lebensjahr

Ernst des Lebens: in der Volksschule

1932 kamen wir in die Schule, ein mit Spannung erwartetes Ereignis. Mit Süßigkeiten gefüllte Schultüten begleiteten uns, fast so groß wie wir. Zu Anfang hatten wir noch mit den Mädchen gemeinsamen Unterricht, Mädchen und Jungen hockten nebeneinander auf den Schulbänken; mein Schulweg in der ersten Klasse war bestimmt vom Geplapper der Tochter des Kaufmanns um die Ecke. Das änderte sich schon in der zweiten Klasse. Wir mussten uns trennen, die Jungen gingen zur Bürgerschule 19, die Mädchen nebenan zur Bürgerschule 20.

Gemischt waren wir hier noch insofern, als Arbeiter- und Bürgerkinder zusammenkamen, was sonst nicht so häufig war, denn unsere Wohngebiete lagen nicht direkt beieinander. Wir wurden keine engen Freunde, aber als Banknachbarn und beim Toben auf dem Schulhof kamen wir uns näher.

Unsere erste Lehrerin war eine herzensgute junge Frau, die wir sehr liebten; sie wurde leider bald abgelöst von einem männlichen Nachfolger, der mit dem Rohrstock nicht zimperlich war und der uns Respekt, manchmal Angst einflößte. Als braver, fleißiger Schüler hatte man wenig von ihm zu befürchten, aber das war nicht immer der Fall. Dann sauste schon mal schmerzhaft der Stock über die blanken Finger oder den Hosenboden.

Wir lernten wie Generationen von Schülern vor und nach uns die Grundrechenarten und vor allem das Einmaleins sehr gründlich. Unser Deutschunterricht bestand aus dem Lernen von Lesen und Schreiben und dann vor allem

Chronik

10. April 1932
Paul von Hindenburg wird wieder zum Reichspräsidenten gewählt.

1. Juni 1932
Franz von Papen wird Reichskanzler.

31. Juli 1932
Neuwahl des Reichstags: Die NSDAP mit 37,4 % bekommt 230 Sitze.

30. Januar 1933
Adolf Hitler wird Reichskanzler.

13. März 1933
Das Ministerium für Volksaufklärung und Propaganda wird gegründet.

1. April 1933
Boykott jüdischer Geschäfte und Einrichtungen in Deutschland.

18. August 1933
Goebbels präsentiert den Volksempfänger auf der Berliner Funkausstellung.

1. Oktober 1933
Erster Eintopfsonntag zugunsten des Winterhilfswerkes.

30. Juni 1934
SA-Stabschef Ernst Röhm wird verhaftet und ermordet; 200 Oppositionelle werden Opfer des sog. „Röhm-Putsches".

2. August 1934
Tod des Reichspräsidenten Paul von Hindenburg: Hitler wird „Führer und Reichskanzler".

16. März 1935
Aufbau der Wehrmacht: Die allgemeine Wehrpflicht wird eingeführt.

19. Mai 1935
Eröffnung des ersten Autobahnteilstückes bei Frankfurt/Main.

15. September 1935
Hitler verkündet auf dem Reichsparteitag die „Nürnberger Gesetze" zur Ächtung der Juden.

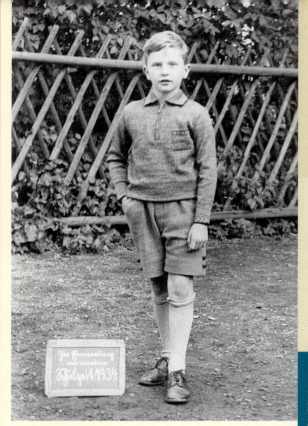

Stolzer Zweitklässler

von Rechtschreibung und Grammatik, die tüchtig eingepaukt wurde. Unsere Fibel war der „Rahn", den wir eifrig und sehr diszipliniert benutzten. Legasthenie war noch nicht als Krankheit anerkannt, so schrieb der eine eben besser als der andere. Wir mussten vor allem auch „schön" schreiben, mit Feder und Tinte in Sütterlin-Schrift.

Heimatkunde war schon interessanter, weil wir etwas über unsere nähere und weitere Umgebung erklärt bekamen. Das war zumindest bei mir auch nötig. Einmal sollten wir unsere Altstadt beschreiben, einen Bezirk, der für uns eher fremd war. Meine Mutter nahm mich in der Straßenbahn bis ins Zentrum mit und zeigte mit lapidarer Handbewegung, wo die Straßen der mittelalterlichen Fachwerk-

7. bis 10. LEBENSjahr

Die ersten Klassenkameraden

altstadt lagen. Mehr wusste sie von diesem Viertel offenbar nicht. Wir durchquerten die Stadt höchstens einmal, wenn wir einen Ausflug machten oder eine befreundete Familie besuchten, die auf dem Werkgelände der Firma meines Vaters wohnte. Weiter war die Welt eines Volksschülers nicht.

Der Religionsunterricht hat sich kaum eingeprägt, denn das Thema Religion wurde ab 1933 für nicht besonders wichtig gehalten, weder in den Familien, noch in der Schule.

Die Sportstunde in der Volksschule war dagegen sehr beliebt und eigentlich eher Spielstunde.

Und so ganz nebenbei begann für uns die Nazizeit.

Vor der Schule

Aufstehen, Waschen, Zähneputzen!
Der Versuch, sparsamer zu putzen mit der knirschenden Schlämmkreide, wurde schnell aufgegeben – Chlorodont blieb schließlich Chlorodont und war nicht so umständlich. Das Anziehen war sehr unbeliebt, trug man noch

die „Hampelmännchen", einteilige Unterwäsche und die Leibchen, an denen in der kalten Jahreszeit die bis in den Schritt reichenden, meist braunen Wollstrümpfe mit Gummibändern befestigt wurden. Ein Elend beim Ausziehen im Umkleideraum vorm Turnunterricht. Im Übrigen waren diese kratzenden Strümpfe ständig an den Knien durchgewetzt – vom Spielen auf dem Boden. Lange Hosen kannten wir ja bis zur Konfirmation nicht. Wir trugen sommers wie winters kurze Hosen, eben mit den langen Strümpfen, die wir beim ersten Sonnenstrahl sofort herunterrollten. Bei besonders niedrigen Temperaturen gab es zusätzlich eine Art wollener Gamaschen, die über die Schuhe gezogen wurden. Zur kurzen Hose trugen wir Hemden und Strickjacken oder Wollpullis, auch mal im Matrosenlook und für sonntags hatten manche kleine gefährlich weiße Anzüge.

Nach dem Frühstück tippelten wir los. Der Schulweg war recht weit, aber die Straßenbahn wurde von den Eltern nicht genehmigt, und ganz zu Anfang ging noch die Mutter mit. Unterwegs traf man nach und nach einige Mitschüler, ich persönlich ging gern mit der Weiblichkeit. Kurz vor der Schule kamen wir täglich an einem Kolonialwarenladen vorbei, dessen Geschäftsschild mich lange Zeit kolossal verwirrte. Da stand „Weine und Spirituosen". Mit dem zweiten Wort wusste ich nichts anzufangen, das erste hielt ich für die Befehlsform von „weinen". Es dauerte lange, bis ich mich endlich entschloss, diesem Befehl nicht zu folgen. So schlimm war es aber in der Schule auch nicht.

Machtergreifung mit dem Hakenkreuz

Hitler war eben zum Reichskanzler ernannt worden, doch die NSDAP musste sich erst Raum und Macht verschaffen an den einzelnen Orten.

Am 30. Januar zogen Tausende Nazis mit Fackeln durch unsere Stadt, eine traditionelle Garnison- und Beamtenstadt konservativer Prägung.

Die Stadt und vornehmlich die bürgerlichen Stadtteile des Westens öffneten sich nur zögerlich der Nazibewegung; gleichwohl gab es eine starke politische Rechte unter den Bürgerlichen. Die Deutschnationale Volkspartei war hier wie anderswo auch konkurrierende Partei zur NSDAP, andererseits stimmte sie in vielen politischen Grundauffassungen mit ihr überein, war Wegbereiter und Koalitionspartner. Starker Denker und Stratege und heimlicher Kopf der NSDAP vor Ort war ein Rechtsanwalt, Roland Freisler, der später am Volksgerichtshof über die Schicksale vieler Menschen bestimmen sollte.

Gut behütet an Mutters Hand

Nazis an der Macht: Erstes Flaggenhissen

Im März 1933 wurde die Hakenkreuzfahne als sichtbare Demonstration der Machtübernahme der Nazis gehisst: zuerst auf dem Rathaus, in den nächsten Tagen auf vielen öffentlichen Gebäuden wie dem Gericht, der Reichsbahn, dem Regierungspräsidium und einigen Gymnasien.

Ab dem 9. März wurde die Machtdemonstration immer konkreter, diskriminierender und brutaler. Massiv und handgreiflich verlief die große Boykottaktion gegen jüdische Geschäfte, Ärzte, Anwälte. Vor jüdischen Ladengeschäften wurden SA-Männer postiert, die Kunden vom Kaufen abhalten sollten, mit der Androhung von Sanktionen, auch körperlicher Art. Es wurden Schilder angebracht: Deutsche, wehrt euch! Kauft nicht bei Juden!

Einzelne jüdische Bürger wurden öffentlich erniedrigt, in den städtischen Bürgersälen wurde gefoltert. Einer der traktierten jüdischen Menschen, ein angesehener Anwalt, starb in Folge der Misshandlungen.

Wir Schüler aus den am Stadtrand gelegenen Wohnvierteln hatten in diesen Jahren noch wenig Bewegungsspielraum, kamen über die nachbarschaftliche Umgebung im Stadtteil kaum hinaus – daher bekamen wir wenig mit von den Aktionen in der Innenstadt. Die Schilder und Schmierereien gegen Juden an Geschäften gehörten allerdings auch für uns bald zum gewohnten Straßenbild.

Alle mit Arbeitsfrontmütze: 1. Mai 1933

Ehret die Arbeit und achtet den Arbeiter! So lautete der offizielle Aufruf zur ersten nationalsozialistischen Maifeier. Bis zu diesem Datum war der 1. Mai als Tag der Arbeiterklasse kein offizieller Feiertag. Erst Goebbels erklärte ihn zum Staatsfeiertag, ein geschickter Schachzug. Er war nun nicht mehr „Kampftag der internationalen Arbeiterklasse", sondern wurde zum Tag der nationalen Arbeit.

Die Arbeit durfte ruhen. Aber was zuvor der öffentlichen Darstellung der Forderungen der gewerkschaftlich organisierten Arbeiterschaft gedient hatte, wurde nun zum verordneten Massenaufmarsch aller Beschäftigten. Geschlossen marschierten ganze Firmenbelegschaften zur zentralen Maikundgebung. Angeführt von einem Festwagen der NS-Gemeinschaft „Kraft durch Freude", gefolgt von der Menge der Hakenkreuzfahnenträger, liefen die Betriebe als geschlossene Formationen in Arbeitskleidung und mit der Mütze der „Deutschen Arbeitsfront".

Ganz militärisch: mit Stahlhelm und Matrosenanzug

Uniformtragen war an diesem Tag nicht erwünscht. Häuser, Straßen, die Straßenbahnen, alles war geschmückt mit frischem Grün und Hakenkreuzfahnen, -fähnchen und -wimpeln.

Es war der einzige Tag, an dem mein Vater, überaus widerwillig, die Mütze der Arbeitsfront trug, er musste schließlich. Allgemein war diese Mütze durchaus beliebt und viel getragen, weil sie – obwohl eine Art Uniform – doch noch den Charakter von Arbeits- und Arbeiterkleidung hatte.

Der „Deutschen Arbeitsfront", einer Zwangsorganisation der Nazis, die die zerschlagenen Gewerkschaften „ersetzen" sollte und in diesem Jahr eingerichtet wurde, konnte sich kaum einer entziehen. Hier ging es nicht um die Interessenvertretung der Arbeiter, sondern um Kontrolle und Einflussnahme auf alle Arbeiter und Angestellten.

Den Flammen übergeben

Markige Sprüche begleiteten die Bücherverbrennungen, die am 10. Mai 1933 in den deutschen Universitätsstädten stattfanden: „Gegen Dekadenz und moralischen Verfall! Für Zucht und Sitte in Familie und Staat! Ich übergebe der Flamme die Schriften von Heinrich Mann, Ernst Glaeser und Erich Kästner." Große deutsche Literatur lag auf dem Scheiterhaufen, den die Nazis errichtet hatten.

Das Ziel dieser Aktionen die „systematische Säuberung und Lenkung der deutschen Literatur". So wie das gesamte politische, öffentliche und kulturelle Leben gleichgeschaltet werden sollte, erging es auch der Produktion von Geisteswerken. Mit dem im März 1933 neu gegründeten „Reichsministerium für Volksaufklärung und Propaganda" versuchte Goebbels die Herrschaft über das ganze Geistesleben in Deutschland an sich, an die Partei zu reißen.

Der Buchhandel sollte Werke von Lion Feuchtwanger, Kurt Tucholsky, Heinrich Mann und anderen nicht mehr verbreiten. Die Brüder Mann, Alfred Döblin oder Franz Werfel wurden als politisch und rassisch „untragbare" Schriftsteller von der Sektion Dichtkunst der Preußischen Akademie der Künste ausgeschlossen. Der Buchmarkt wurde systematisch kontrolliert, Autoren, Verlegern und Händlern drohte Berufsverbot.

Was wurde in den Jahren vor 1933 gelesen? 1927 kam Hermann Hesses „Steppenwolf" auf den Markt, Erich Kästners „Emil und die Detektive" erschien 1928, ein Bestseller wurde 1929 Erich Remarques „Im Westen nichts Neues"; auch Döblins „Berlin Alexanderplatz" erschien in diesem Jahr und Thomas Mann erhielt für seine „Buddenbrooks" den Literaturnobelpreis. „Emil und die Detektive" haben wir fast alle gelesen, obwohl Kästner mit auf dem Scheiterhaufen lag.

7. bis 10. LEBENSJAHR

„Kraft durch Freude"

Die Kontrolle der Arbeiter und Angestellten setzte sich vor allem im Bereich der Freizeit und des Urlaubs fort. Freizeit gestalten, überwachen und gleichschalten: Das war Aufgabe von KdF. Programmatisches Ziel der „NS-Gemeinschaft Kraft durch Freude" (KdF), des Freizeitwerkes der Deutschen Arbeitsfront (DAF), war die „geistige Neugestaltung des deutschen Arbeiters im NS-Geist".

Die KdF organisierte Kultur- und Freizeitveranstaltungen unterschiedlichster Art: von Konzert- und Ausstellungsbesuchen, Volkstanzveranstaltungen und Filmvorstellungen über Wanderungen bis hin zum Renner der Institution, den Reisen. Ob mit dem Bus, KdF-Sonderzügen der Reichsbahn oder mit den KdF-Schiffen, etwa nach Norwegen oder in den Süden wie nach Madeira oder ins noch verbündete Italien: der Reiz schien groß, weil private Reisen in diese Regionen praktisch unmöglich, finanziell unerschwinglich gewesen wären.

Dazu wurden nicht nur Dampfer gekauft oder gechartert, sondern eigens Schiffe gebaut: Die „Robert Ley" und die „Wilhelm Gustloff".

Das Reiseangebot, quasi ein subventionierter Tourismus, gespeist aus den beschlagnahmten Gewerkschaftsvermögen, war vor allem attraktiv durch den günstigen Preis. Es verschaffte nebenbei der Reichsbahn Gewinne und erreichte in entlegenen Gegenden eine optimale Nutzung der Tourismusbetriebe und auch in der Nebensaison Auslastungen der lokalen Gastronomie.

Die NS-Gemeinschaft avancierte zum Aushängeschild der Nazi-Politik und war hervorragendes propagandistisches Mittel, Arbeiterwiderstand zu unterbinden und allgemein nützlich für eine positive Bindung an die NS-Herrschaft.

Aus den Erholungsheimen wurden nicht allzu viel später Lazarette und die KdF-Dampfer verwandelten sich in Truppentransporter.

Erinnerungen an meine Schulferien

Als ich in der Volksschule war, kam es vor, dass wir mit der Mutter und der Großmutter immerhin bis in die Rhön reisten. Wir verbrachten die Wochen in einer Familienpension, in der auch der Gauleiter von Hessen-Nassau mit Familie Urlaub machte. Was auffiel: Er wurde so gut es ging von den anderen Gästen abgeschirmt und alle taten sehr geheimnisvoll.

In den Sommerferien fuhr ich als Schüler normalerweise zur Verwandtschaft ins Südhessische. Ich wohnte bei der Großmutter und hatte eine Menge auch gleichaltrige Verwandte im Ort, mit denen ich umherziehen konnte, Fahrrad fahren, Fischen gehen, Schmetterlinge fangen in Sumpfgebieten. Interessant war für mich auch das Leben der Verwandten, die vor allem Handwerker waren; tagelang konnte ich in der Juwelierwerkstatt des Großvaters bei der Arbeit zuschauen.

Erst als meine große Schwester, sechs Jahre älter als ich, ins heiratsfähige Alter kam, machten wir Ferienreisen in entferntere Gegenden. Die Schwester sollte im Schutze der Familie einer größeren – männlichen – Öffentlichkeit vorgestellt werden. So reisten wir in den Schwarzwald, wo meine Schwester aufs Fröhlichste im Schnee posierte – ein möglicher Ehemann war jedoch nicht in Sicht.

Zum selben Zweck kamen wir auch nach Oberbayern, ins vornehm-teure Rottach-Egern. Im letzten Sommer vor dem Krieg gingen wir Geschwister ausgelassen rudern und schwimmen im Tegernsee. Wir saßen in luxu-

Sommer am Fluss

riösen Kaffeehäusern, wo es allerdings wie bei uns Zuhause schon längst keine Sahne mehr gab; trotz unermüdlicher Präsentation traf auch hier meine Schwester nicht den Mann fürs Leben.

Dafür aß ich in diesen Tagen mein erstes unvergessliches Eis am Stiel, ein Jopa-Eis.

Aus Nachbarn werden Juden

In unserer Stadt lebten 1925 2750 jüdische Einwohner. Die meisten von ihnen waren zu dieser Zeit im Handel tätig (46 %), viele gehörten zu den freien Berufen und Dienstleistern, eine große Zahl der hier lebenden Juden waren Pensionäre. Es gab einen großen Anteil jüdischer Juristen und Mediziner; auch unser Kinderarzt war jüdisch.

Jüdische Beamte jedoch gab es kaum, obwohl unsere Stadt vom Beamtentum geprägt war. In einigen Industriezweigen wie Schwerweberei und Flugzeugbau waren jüdische Inhaber erfolgreich.

Mit den Boykottaktionen vom 9. März 1933 gegen jüdische Kaufleute, Ärzte und Anwälte wurde eine beispiellose Diskriminierungswelle in Gang gesetzt. Das „Gesetz gegen die Überfüllung von Schulen und Hochschulen" veranlasste viele Eltern, ihre Kinder aus den Schulen zu nehmen, vertrieb jüdische Schüler ganz allmählich. Das von den Nationalsozialisten erlassene „Gesetz zur Wiedereinführung des Berufsbeamtentums" bedeutete für viele Berufsverbot.

Diese ersten administrativen Maßnahmen waren der Beginn einer rasanten Entwicklung, Juden aus vielen Bereichen der Gesellschaft auszuschließen. Es betraf bei uns im Jahr 1933 2300 jüdische Bürger. Das Theater wurde in NS-Verwaltung genommen, „Nicht-Arier" wurden aus Institutionen, Verbänden und Vereinen vertrieben.

So hatte auch der jüdische Boxlehrer eines Freundes 1933 die Stadt verlassen müssen.

Die Situation für die jüdischen Bewohner verschärfte sich dramatisch mit der Verabschiedung der Nürnberger Gesetze im September 1935. Diese Gesetze gaben den Nazis die Berechtigung, die jüdische von der übrigen Bevölkerung scharf zu trennen, rechtlich und „biologisch" begründet. Jude zu sein wurde nun neu definiert, nicht mehr über einen religiösen und kulturellen Hintergrund. Die rassistisch-biologische Argumentation sollte die nun folgende Flut von einzelnen Gesetzen und Verordnungen rechtfertigen. Es begann die komplette Identifizierung, Registrierung und Kennzeichnung jüdischer Menschen: Jüdisches Vermögen

musste angemeldet werden, jeder jüdische Bürger musste einen zweiten Vornamen hinzufügen (Sara und Israel), schließlich kam das „J" in jeden Pass. All das trug dazu bei, ihre spätere Verschleppung und Vernichtung vorzubereiten.

Dennoch nahmen dies manche jüdischen Bürger noch nicht in dieser ganzen Tragweite zur Kenntnis – und blieben. Sie fühlten sich als Deutsche, viele der Männer hatten im Ersten Weltkrieg gekämpft, waren z. T. dekoriert; sie lebten seit vielen Generationen in der Stadt, waren etablierte, angesehene, häufig gebildete, gutbürgerliche Familien.

Der jüdische Kinderarzt war der einzige für uns in unmittelbarer Nähe lebende jüdische Bekannte. Wir durften nicht mehr zu ihm gehen, auch nicht mehr auf der Straße mit ihm ins Gespräch kommen. Er selbst warnte uns, dies zu tun.

Wenige von uns standen in engerem Kontakt zu jüdischen Familien.

Mir war noch nicht einmal bekannt, dass das Farbengeschäft in unserer Nachbarschaft einen jüdischen Besitzer hatte. Er gehörte einfach dazu, es gab keinen Anlass darüber nachzudenken. Mich interessierte nicht, ob ein Jude oder irgendwie Andersgläubiger das Geschäft führte.

Ein Klassenkamerad machte da die Ausnahme: Sein Vater war in einem Betrieb beschäftigt, dessen Inhaber jüdisch waren. Für ihn waren diese Jahre weitaus bedrückender und die Wahrnehmung der sich verschärfenden Ausgrenzung der Juden viel dichter und persönlicher, weil es hier um Menschen ging, mit denen man alltäglich zu tun hatte und eng befreundet war. Sein Vater übernahm 1935 treuhänderisch die Firma –

der jüdische Vorbesitzer wanderte 1936 mit seiner Familie noch rechtzeitig nach Südafrika aus. Über den Firmenzusammenhang hatte der Junge noch andere Kontakte zu jüdischen Kindern und lernte das Boxen bei einem jüdischen Trainer.

Die Pogromnächte im November 1938 waren für ihn pures Entsetzen. Die Wohnung der Familie seiner besten Freundin, einer Jüdin, wurde bei den Randalierungen verwüstet; der engste Freund der Eltern wurde in der Nacht verhaftet, später nach Buchenwald verschleppt und ermordet. Der Anblick der zerstörten Synagoge und des jüdischen Gemeindezentrums am Morgen danach machte alle ratlos und verzweifelt.

Familienpolitik wird Rassepolitik

Die Familie in der Nazizeit galt als kleinster Teil der Volksgemeinschaft. NS-Familienpolitik stand unter dem Primat der Bevölkerungspolitik: An erster Stelle stand die Bekämpfung des Geburtenrückgangs, dann die rassistische Erbgesundheitspolitik. Ab 1933 gingen die Nazis gezielt die Überwindung des „mangelnden Willens zum Kinde" an; es wurden Ehestandsdarlehen und Kinderbeihilfen eingeführt; zugleich verabschiedeten die Nazis ein Ehegesundheitsgesetz „zum Schutze der Erbgesundheit des deutschen Volkes", zu dem ein „Ehetauglichkeitszeugnis" nötig war. Dazu kam das rassistische Sterilisationsgesetz „zur Verhütung erbkranken Nachwuchses".

Kernstück nationalsozialistischer Rassepolitik wurde im Zuge der Nürnberger Gesetze 1935 das „Gesetz zum Schutz des deutschen Blutes und der deutschen Ehre", „Blutschutzgesetz" genannt. „Durchdrungen von der Erkenntnis, dass die Reinheit des deutschen Blutes die Voraussetzung für den Fortbestand des Deutschen Volkes ist ..." verbot es bei Zuchthausstrafe Eheschließungen und Geschlechtsbeziehungen zwischen Juden und Staatsangehörigen „deutschen und artverwandten Blutes".

Ab 1938 begann die Verleihung des so genannten „Mutterkreuzes", das „Ehrenkreuz der deutschen Mutter". Unter dem Motto „Das Kind adelt die Mutter" wurde es von der Partei ab Dezember 1938 gestiftet; meist fanden die Verleihungen am Muttertag statt. Die Ortsgruppenleiter übergaben das Kreuz der Stufe 3 an Mütter mit vier bis fünf Kindern, Stufe 2 für sechs bis sieben Kinder und die Stufe 1 an Frauen, die mehr als acht Kinder geboren hatten. Wichtig in diesem Zusammenhang war der Ariernachweis. Eltern und demzufolge ihre Kinder sollten „deutschblütig und erbtüchtig" sein. Das Kreuz hing am Bande und sollte bei feierlichen Anlässen, nicht etwa bei der Arbeit, sichtbar getragen werden. Mutterkreuzträgerinnen mussten mit dem Hitlergruß gegrüßt werden.

7. bis 10. LEBENSjahr

1936-1939

Zwischen Schule und Hitlerjugend

Das 11. bis 14. Lebensjahr

Endlich ein Pimpf

Es war die letzte Klasse in der Volksschule und wir sehnten uns nach mehr Selbständigkeit, mehr Freiheiten, danach herauszukommen, auch ganz räumlich, aus unseren (klein-)bürgerlichen oder Arbeiterfamilien. Das Jahr, in dem wir unseren 10. Geburtstag feierten, wurde mit dem Eintritt von uns Jungen ins „Jungvolk" der Hitlerjugend zu einem wichtigen Schritt hinaus ins Leben.

Die Mädchen, mit denen wir noch wenig anfangen konnten, wurden zu „Jungmädeln". Nur wenige von uns hielten sich von diesen Jugendorganisationen der Nazis fern.

10- bis 14-jährige Jungen kamen zunächst als „Pimpfe" zum Jungvolk und ab 14 bis zum 18. Lebensjahr traten sie der „eigentlichen" Hitlerjugend bei – die Mädchen dem „Bund deutscher Mädel". Die kleinste Einheit bildete die Jungenschaft, es folgten Jungzug, Fähnlein und Jungstamm.

Es wurden unsere ersten Erlebnisse im Jugendlichenalter und zugleich die ersten Erfahrungen mit einer Organisation der Nationalsozialisten.

Jungmädel bei der Aufnahme in den BdM

Chronik

7. März 1936
Einmarsch deutscher Truppen im entmilitarisierten Rheinland.

13. April 1936
Rudolf Caracciola gewinnt den Großen Preis von Monaco.

1. August 1936
Hitler eröffnet die Olympischen Sommerspiele in Berlin.

1. Dezember 1936
Mitgliedschaft in der HJ wird für Jungen ab 10 Jahren zur Pflicht.

26. April 1937
Spanischer Bürgerkrieg: Deutsche Bomber zerstören das Dorf Guernica.

6. Mai 1937
Das Luftschiff „Hindenburg" explodiert kurz vor der Landung bei New York.

19. Juli 1937
Die Errichtung des KZ Buchenwald beginnt.

12. März 1938
„Anschluss" Österreichs: Die deutsche Wehrmacht marschiert ein.

30. September 1938
Münchner Abkommen: Die Tschechoslowakei muss das Sudetenland abtreten.

5. Oktober 1938
„J" wird in jüdischen Pässen eingetragen.

9. November 1938
„Reichskristallnacht": Terrorisierung der jüdischen Bevölkerung, Zerstörung von Synagogen und Geschäften.

15. März 1939
Die Tschechoslowakei wird „Reichsprotektorat Böhmen und Mähren", die Slowakei unabhängig.

1. September 1939
Deutschland überfällt Polen: Kriegsbeginn.

Begrüßung der neuen Pimpfe

Ab dem 1. Dezember 1936 waren wir auch nicht mehr aus freier Entscheidung dort, denn das „Gesetz der HJ" trat zu diesem Datum in Kraft: Für 10-jährige Jungen wurde das Jungvolk zur Pflicht. Was zunächst formell freiwillig, vor 1933 als „Parteijugend" zu verstehen war, wurde zur Staatsjugendorganisation. Die Mitgliedschaft in der HJ war spätestens ab 1939 mit Einführung der Jugenddienstpflicht eine Zwangsmitgliedschaft. Reichsjugendführer Baldur von Schirach führte Anfang 1937 einen intensiven Propagandafeldzug für die Hitlerjugend und schaffte es innerhalb von zwei Monaten, dass die Mitgliedszahlen auf mehr als eine Million anstiegen.

Über die großen politischen Zusammenhänge machten sich die meisten von uns allerdings wenig Gedanken. Unser Kontakt war ganz direkt, selbstverständlich und fast unbefangen.

Exerzieren üben: Pimpfe im Dienst

Erinnerung an meine erste Uniform

Unser Volksschullehrer in der vierten Klasse war ein überaus strenger Mann, der seinen immer bereitliegenden Rohrstock perfekter handhaben konnte als seine Geige, mit der er unseren Gesang begleitete. Er hatte einen Sohn, der etwas älter als wir war und schon dem Jungvolk angehörte. Sein Vater warb intensiv in unserer Schule dafür – und machte auch mich äußerst neugierig. Ich wusste, dass die Pimpfe in meinem Stadtteil sich immer am Mittwochnachmittag auf einer Wiese am Flüsschen Drusel nahe dem so genannten Adolf-Hitler-Wanderweg trafen. Dorthin machte ich mich an einem Frühlingstag noch vor meinem zehnten Geburtstag auf; ich stand eine Weile in der Nähe der Gruppe jüngerer und älterer Jungs herum, noch zögernd, bis mich ein älterer vermeintlicher Führer des „Fähnleins" dann auch tatsächlich ansprach. Ich war natürlich als „Zivilist" aufgefallen. In aller Höflichkeit beantwortete ich brav die Fragen des großen Jungen, was ich denn dort suche, ob ich mitmachen wolle, und redete ihn dabei mit „Sie" an. Das hatte erst einmal großes Gelächter der Gruppe zur Folge und ich schämte mich, blieb aber tapfer und durfte gleich bei den „Exerzierübungen" wie Marschieren im Gleichschritt und Antreten in Reih und Glied mitmachen. Ich war glücklich, dabei sein zu können, nicht zuletzt mit der Aussicht auf eine Uniform. Im Grunde unbeschwert und in Erwartung eines neuen Lebensabschnitts begann an diesem Tag meine Zeit im Jungvolk, der einzigen NS-Organisation, der ich aktiv angehörte. Zu meinem neuen Alltag würde nun das Zusammensein mit einer hierarchisch organisierten, aber eben von fast gleichaltrigen Jungen geführten Jungengruppe gehören. Geländespiele, Exerzieren, viel Sport, vor allem Leichtathletik – darin konnte ich mich nun ausgiebig ergehen.

Meine Mutter und ich gingen gleich ein paar Tage später zum Uniformladen bei uns in der Nähe. Seltsam stolz und groß fühlte ich mich mit Braunhemd, Koppel und Schulterriemen. Perfekt ausgestattet fühlte ich mich aber erst, als der Wimpel mit der Bezeichnung

Mit Braunhemd und Schulterriemen

Pimpfe im Zeltlager

unseres Gaues und die Siegrune aufgenäht waren. So ausgerüstet konnte ich mich auf meinem ersten Lager Pfingsten 1936 sehen lassen. Was ich wenige Jahre später, ebenfalls in Uniform, erleben und erleiden sollte, entzog sich vollkommen meiner jungen Vorstellungskraft.

Unser Jungvolk: Von wegen Volksgemeinschaft!

Ein Freund war Jungenschaftsführer mit der kurzen weißen Kordel geworden und hatte lauter Jungen aus dem „Bauverein" unter sich. Dort wohnten vorwiegend Arbeiterfamilien.

Zu seiner Aufgabe, die er nur mit Bauchschmerzen machte, gehörte es, zu den Eltern der Jungen, die nicht – oder nie – zum Dienst erschienen, hinzugehen und ihnen gut zuzureden, ihre Söhne zum Jungvolk zu schicken. Sie hätten ansonsten Probleme mit der Polizei bekommen. Die Eltern waren zum großen Teil Sozialisten mit einem ohnmächtigen Zorn auf alles Braune. Die Eltern haben uns nichts getan – und auch nicht die Söhne: Einige von ihnen kamen dann doch irgendwann in unserer Jungenschaft vorbei.

So gab es die Jungenschaften – etwa neun Pimpfe mit einem Führer –, dann kam der Jungzug aus drei Jungenschaften, danach das Fähnlein aus vier Jungzügen.

Das Zusammensein von Arbeiter- und Bürgerkindern sollte die in jeder Rede Hitlers beschworene „Volksgemeinschaft" unter Beweis stellen. Die offizielle Lehre verlautete, Intellektuelle und Arbeiter, in Hitlers Jargon „Arbeiter der Stirn und der Faust", seien eine große und unzertrennliche Volksgemeinschaft geworden.

Einmal in der Woche hatten wir den so genannten „Heimabend" mit politischem Unterricht. Wir langweilten uns zumeist entsetzlich – außer vielleicht beim „Aufklärungsunterricht", der weniger auf Informationen zur

11. bis 14. LEBENSJAHR

Sexualität als auf „Reinheit" und „Hygiene" abhob, was uns natürlich trotzdem aufregte und amüsierte. Sonst gab es Themen wie „Kameradschaft", Erzählungen aus dem Ersten Weltkrieg und allgemein Nazi-Ideologisches, was in der Erinnerung erstaunlich verblasst ist. Lieber hätten wir Geländespiele gemacht.

Ein Freund erinnert sich: Heimabend beim Jungvolk

Eines Tages hatte sich unser Fähnleinführer wie vorgeschrieben für den Nachmittag im Heim etwas aus der deutschen Geschichte vorgenommen. Er sprach von einem großen Deutschen, der das vorher in viele Teile zerfallene Reich geeint hat. Auf die Frage. „Wen meine ich?" gingen alle Finger hoch. „Adolf Hitler!" Diese Antwort wurde natürlich gelobt, „Hitler" war immer richtig. Aber der da vorn meinte diesmal einen anderen. „Wem fällt noch ein großer Deutscher ein, der Deutschland geeint hat?" Kein Finger ging hoch. Einer versuchte es noch einmal vorsichtig mit Hermann Göring, konnte damit aber nicht punkten. Schließlich meldete ich mich zaghaft. Ich wusste schon, wohin das führen würde, aber das war wieder mal nicht zu ändern: „Bismarck!" „Richtig, Otto von Bismarck." Danach fielen die Jungs draußen über mich her: „Na, wieder mal unser ganz Schlauer, kommt aus der feinen Gegend und ist was Besseres!" Ich wurde nicht zum ersten Mal ordentlich vermöbelt, bis die wahre Rangordnung wieder hergestellt war. Die „Volksgemeinschaft" war so oberflächlich wie unsere Uniform. Darunter blieb alles beim Alten. Erst im Grauen des Krieges und im Elend und der Schulderkenntnis der Nachkriegszeit gab es so etwas wie eine Volksgemeinschaft."

Tapfere Jungmädel

Mit der Erziehung zu „tapferen und starken Mädeln" konnten die Nationalsozialisten die Mädchen ab zehn Jahren in ihre Organisationen locken. Das war für viele verheißungsvoll, denn in den bündischen Jugendorganisationen waren zwar Mädchen vertreten, aber es herrschte Männerdominanz. Durch die Entstehung eigener nach Geschlecht getrennter Gruppen, dem Bund deutscher Mädel (BdM), angefangen bei den Jüngsten, den Jungmädeln bis hin zur Reichsfrauenschaft, hatten die Mädchen und jungen Frauen die Möglichkeit, aus der Familie herauszutreten und sich in von Mädchen geführten Gruppen zu engagieren. Das war auch Grund für den enormen Zulauf, den der BdM 1936 hatte, größer als bei den Jungen noch. Das Mädchengymnasium in unserer Stadt verzeichnete in diesem Jahr 92% Schülerinnen im BdM. Der Schule wurde daraufhin die HJ-Fahne verliehen; dazu gab es wieder eine Feierstunde mit Gesang, Ansprachen und der obligatorischen Flaggenhissung. Wie stets bei solchen Anlässen sangen die Schülerinnen neben dem Deutschland- und Horst-Wessel-Lied das HJ-Lied.

Wie bei den Jungen waren viele Führungspositionen des BdM mit Gymnasiastinnen besetzt.

Auch der BdM knüpfte an die Geselligkeitsformen der bündischen Gruppen. Mehr als in der männlichen Hitlerjugend wurden hier jugendbewegte Traditionen aufrechterhalten. Was in den Mädchengruppen gemacht wurde, war weit weniger auf eine militärische Erziehung ausgerichtet als auf

Körperliche Ertüchtigung bei den Jungmädeln

den traditionellen weiblichen Bereich, wie Haushalt. Das war bei vielen Mädchen in den bündischen Gruppen zuvor zu kurz gekommen. Hier konnten sie basteln und Handarbeiten machen. Daneben wurde viel Zeit mit Musischem verbracht: Volkstänze wurden geübt, Gitarre gespielt und es wurde einfach viel gesungen. Es gab Fahrten mit Lagerleben und wie bei den Jungen viel Sport und Wettbewerbe. Auch der Körper der Mädchen stand im Zentrum.

Da viele der Gruppen nicht so stark reglementiert und von militärischem Drill geprägt waren, waren sie für die Mädchen attraktiv, und trotz der Pflichtveranstaltung BdM blieb ein Restgefühl von Freiwilligkeit. Dass die Mädchen im Dienste nationalsozialistischer Rassepolitik auf ihre künftige Rolle als Mutter vorbereitet werden sollten, dass sie die „völkische Erneuerung" tragen sollten, war vielen nicht klar. Dass ihre Erziehung auf die körperliche und hauswirtschaftliche Ertüchtigung orientiert war, fanden die meisten ganz normal.

Konservative Elternhäuser

Die neuen Mitschüler nach dem Schulwechsel aufs Gymnasium kamen meist aus dem bürgerlichen Mittelstand. Der größte Teil der Eltern war eher konservativ und wollte nichts mit den Nazis zu tun haben. Dennoch traten einige in die NSDAP ein, häufig mit der Begründung eines gesicherten beruflichen Aufstiegs; es war quasi ein obligatorischer Schritt. Vielen wurden größte Schwierigkeiten angedroht, sollten sie den Parteieintritt verweigern. Viele Eltern hatten deutsch-national gewählt und das kennzeichnete ihre Haltung. Mit dem Nazi-Mob allerdings wollte man sich nicht identifizieren.

Wir wuchsen fast unbekümmert unpolitisch auf in den ersten Jahren der Nazi-Diktatur. Gespräche über politische Themen gab es kaum in den Familien. Viele Mütter gaben keinerlei Kommentare. Sie hielten sich an die Linie der Männer. Das waren keine Gesprächsthemen für den bürgerlichen Mittagstisch.

„Mein Kampf" stand, von vielen ungelesen, im Bücherregal; die Hakenkreuzfahne hing an Festtagen aus dem Fenster, nachdem die Schwarz-Weiß-Rote, die wir in der ersten Zeit nur mit einem Hakenkreuzwimpel versehen hatten, verboten wurde.

Zu Nazis erzogen, das wurden wir nicht, aber wir wurden auch nicht daran gehindert, solche zu werden. Wir trugen daheim keine politischen Kontroversen aus, wir redeten nicht über Pogromnächte oder Konzentrationslager. Die Eltern gingen ins Theater, hörten klassische Musik, schauten sich Filme mit Ilse Werner oder Heinz Rühmann an. Es wurde wenig nachgedacht über unsere politische Erziehung, vieles wurde den Eltern ja abgenommen und wir wurden groß als kleine Bestandteile der Ideologie.

Olympische Sommerspiele 1936

Entgegen verschiedener angedrohter Boykotte: 1936 konnte die Olympiade im Nazideutschland stattfinden. Nicht zuletzt wollten die Nazis Olympia als Propagandaforum nutzen, um Deutschlands Ansehen im Ausland zu verbessern. Hitler will der Welt zeigen, dass Deutschland ein friedliches und weltoffenes Land sei und ruft „die Jugend der Welt". Der freie Zugang in die Olympiamannschaften für alle Rassen und Konfessionen solle gewährleistet sein. Auch in der deutschen Mannschaft gibt es Alibi-Sportler: Die Fechterin Helene Meyer, eine Halbjüdin, und der populäre Ringer Werner Seelenbinder, ein Kommunist.

49 Nationen sind vertreten. Deutschland gewinnt bei der Medaillenvergabe, gefolgt von den USA – noch ein Triumph. Erfolgreichster Teilnehmer aber, vom Publikum begeistert gefeiert, ist der schwarze Leichtathlet Jesse Owens.

Zentraler Ort für die Spiele ist das neu gebaute Reichssportfeld in Berlin. Hier setzt sich das NS-Regime mit einer perfekten Fassade und ebensolcher Täuschung in Szene. Schilder mit der Aufschrift „Juden unerwünscht" werden für die Zeit der Spiele entfernt, Sinti und Roma, die sich in Berlin aufhalten, werden an den Stadtrand verbannt.

Das propagandistische Gesamtkunstwerk, das den „gesunden Volkskörper" ins Zentrum rückt, wird im Auftrag des Reichsministeriums für Volksaufklärung und Propaganda von Leni Riefenstahl gefilmt.

Aufrüstung auch im Kinderzimmer

Kindergeburtstag

Mein Wunschzettel 1937

Weihnachten stand vor der Tür und der Wunschzettel war noch unbeschrieben: Was sollte ich mir wünschen?

Eine Ritterburg wie viele andere? Die hatte ich schon. Modellautos? Eine Menge ziviler Fahrzeuge stand bereits in meinem Zimmer, darin fuhr ich die Sammelbildchen von Filmschauspielerinnen spazieren. Mit den Wagen von Bernd Rosemeyer und Rudolf Caracciola veranstalteten wir Rennen auf Holzlatten.

Die Aufrüstung war bereits im Gange, auch im Kinderzimmer, und kleine Panzerkampfwagen wurden sogar auf „Hausfrauenausstellungen" präsentiert. Mein erster Panzer, den ich dort für 50 Pfennige erstanden hatte, war mit echten Metallketten ausgerüstet, die aber leider unsere Möbel zerkratzten und nur schwer über Teppichberge fahren konnten – mein nächster Panzer lief auf Gummiketten.

Jetzt aber durfte ich mir etwas Größeres wünschen: Vielleicht ein Flugzeug aus Blech, das an der Zimmerdecke aufgehängt wurde und dort motorbetrieben seine Kreise ziehen konnte? Das war es! Denn Flugzeuge, die ich aus papiernen Ausschneidebögen zusammengeklebt hatte, hingen bereits zuhauf von der Decke unseres Flures herunter.

Der große Wunsch wurde erfüllt – und der Blechflieger konnte gar Bomben werfen, die mit Zündplättchen versehen beim Aufschlag auf dem Fußboden ordentlich knallten. Meine Mutter ertrug auch das stoisch. Gedanken, was die Nazis mit der Förderung solcher „Spielzeuge" bezweckten, machte sie sich sicher nicht.

Eigentlich hatte fast die komplette Ausrüstung des Jungenzimmers, vielleicht mit Ausnahme der elektrischen Eisenbahn, mit Militärischem zu tun. Marschierende und paradie-

11. bis 14. LEBENSjahr

rende Soldatenfiguren waren schon fast uninteressant geworden, jetzt gab es vor allem kämpfende und auch verwundete Soldaten und alles, was zum Kriegsspiel dazugehörte: Schützengräben und jede Menge Fahrzeuge, oft durch Uhrwerke angetrieben, Kanonen, Panzer natürlich, kleine Kriegsschiffmodelle und Flieger. Obligatorisch dabei auch der „Führerwagen" mit im Fond sitzender Adolf-Hitler-Figur mit beweglichem Arm.

Aber es gab immerhin ja auch noch die Indianer und Cowboys aus Elastolin.

Nur wenig Zeit blieb uns für die friedlicheren Gesellschaftsspiele wie „Mensch ärgere Dich nicht", „Spitz pass auf" oder „Pferderennen".

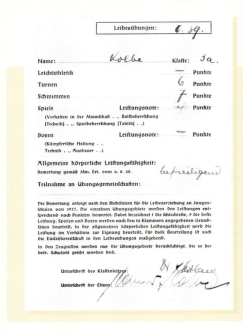

Zeugnis für Leibesübungen

Unsere Rennfahrer

Bernd Rosemeyer war einer unserer Helden. Als Werkfahrer der Auto Union konnte er in seiner kurzen Lebenszeit zahlreiche Erfolge verbuchen, besonders in den Jahren 1936 und 1937, als er Europameister wurde und mehrere Siegertitel beim Großen Preis erringen konnte. Auch seine Ehefrau war ein Idol: die berühmte Fliegerin Elly Beinhorn.

Am 28. Januar 1938 verunglückte Rosemeyer tödlich bei dem Versuch, den von Rudolf Caracciola vorgelegten Geschwindigkeitsrekord zu überbieten. Auf der neuen Reichsautobahn bei Darmstadt erfasste ihn bei 440 km/h eine Windböe.

Caracciola war der erfolgreichste deutsche Automobilrennfahrer der Vorkriegszeit. Er fuhr vor allem Mercedes, zwischen 34 und 39 die legendären Silberpfeile, mit denen er dreimal Europameister wurde. In diesen Jahren wurde er von uns heiß verehrt, wir kopierten seine Rennen mit kleinen „Silberpfeilen". Später erkannten wir ihn noch am Rande der für uns damals schon äußerst spannenden Bergrennen unserer Stadt.

Unser Pennäler-Alltag

Der Unterricht an unserer Schule war erstaunlich wenig durchsetzt von nationalsozialistischer Ideologie; er blieb weitgehend sach- und fachbezogen.

Nationalsozialistische Unterrichtsinhalte wie Rassenkunde und Eugenik, die in diversen Fächern, vor allem in Biologie, Einzug hielten, gingen an unserem humanistischen Gymnasium weitgehend an uns vorbei. Vor 1939 gab es außerdem noch nicht ausreichend Lehrmaterial dazu. An anderen Schulen – wie z. B. den Adolf-Hitler-Schulen – wurden diese Themen als Erziehungsauftrag stark hochgehalten. Hier wurde auch mehr Wert gelegt auf die zahlreichen NS-Rituale und Feiern mit Jubelreden.

Natürlich gab es aber auch bei uns den Flaggenappell zum Wochenanfang auf dem Schulhof, bei dem wir alle aufmarschieren und singen mussten.

Der „deutsche Gruß" vor der Unterrichtsstunde, mehr oder weniger zackig oder „korrekt" ausgeführt, war selbstverständlich. Manch einer aber modifizierte ihn in seinem Sinne: So unser Latein- und Französischlehrer, der dem Gruß unmittelbar ein „Wir beten!" mit anschließendem Gebet folgen ließ. Vier Jahre hielt er das durch. Er war katholischer Priester, ein korrekter und gerechter Mann, den wir sehr verehrten.

Unter unseren Lehrern waren wenige Nazis; fast alle verhielten sich indifferent, angepasst, als Mitläufer. Gerade in der politischen Zurückhaltung vieler Lehrer zeigte sich der Druck des Naziregimes.

Der Englischlehrer, ein farbloser Mann, der uns nicht faszinieren konnte, kam als einer der wenigen an unserer Schule in Uniform zum Unterricht. Wir vermuteten stark, dass er damit seine fehlende Autorität wettmachen wollte, was ihm nicht gelang. Wir konnten das nicht ernst nehmen. Im Gegenzug quälte er uns damit, Wehrmachtsberichte aus dem Rundfunk ins Englische zu übersetzen.

Ein Sportlehrer unserer Schule war ebenfalls einer derer, die in die Nazi-Ecke gehörten. Er war bei uns wegen seiner körperlich brutalen Züchtigungsmethoden verhasst. Wer sich beim Antreten in Reih und Glied nach der Pause nicht korrekt verhielt, etwa trödelte, musste sich mit ihm auseinandersetzen. So konnte es passieren, dass man seine Faust schmerzhaft zu spüren bekam.

Eine unserer wenigen Lehrerinnen, im Fach Deutsch, begeisterte sich für Hitlers Redekunst und wollte uns damit anstecken. Im Fach Deutsch beschäftigten wir uns sonst eher mit Grammatik und Rechtschreibung als mit Literaturbesprechungen, auch nicht dezidiert mit NS-Literatur. Mit ein bisschen Goethe und Schiller wurden wir allerdings konfrontiert.

Flaggenappell auf dem Schulhof

Ausländische Literatur war grundsätzlich kein Thema.

Sport war eines der wichtigsten Erziehungsmittel der Nazis für die Jugend. So hatte auch der Schulsport an allen Schulen höchste Priorität. Ab 1937 bekamen wir zu unseren regulären Zensuren ein differenziertes Zeugnis über unsere Leistungen in den Leibesübungen. Das war nun nicht mehr das ungeliebte Geräteturnen, sondern umfasste Leichtathletik, Gelände- und Ballspiele, Schwimmen und Boxen; auch unser sportliches Verhalten in der Gemeinschaft wurde benotet. Für viele Schüler bedeutete dies einen willkommenen Ausgleich ihrer sonst eher mäßigen Schulleistungen. Ganz im Sinne des Führers: Intellektuelle Fähigkeiten rangierten in seinen pädagogischen Prinzipien weit hinter der körperlichen Ertüchtigung. Ein miserables Zeugnis konnte auch durch besonderes Engagement in der Hitlerjugend gemildert werden.

Im Mädchengymnasium: Noch sind alle da

Jüdische Klassenkameraden

Die meisten von uns kannten nur wenige jüdische Kinder; in unserer Bürgerschule war niemand jüdisch, aber mein Freund hatte einen Mitschüler, den er auch einige Male zu Hause besuchte. Der Junge war ein unscheinbarer, freundlicher Einzelgänger, zu dem sich in den Volksschuljahren aber keine intensivere Beziehung ergab. Als wir schon zum Gymnasium gingen, verlor sich seine Spur, die sich nach späterer Recherche in Israel wiederfand. Die Familie war 1937 emigriert.

1936, als wir in die erste Klasse der Oberschule kamen, war zugleich das Jahr, in dem die HJ-Pflicht eingeführt wurde. An besonderen Tagen trugen wir auch in der Schule unsere Uniform. Unser einziger jüdischer Klassenkamerad Hans wollte nicht auffallen und erschien ebenfalls mit Braunhemd und schwarzer Hose. Dies wurde allerdings von der Schulleitung umgehend unterbunden. Hans Eltern seien später konvertiert zum christlichen Glauben, so hieß es. Was ihrer Situation aber nicht zugute kam: 1937 war er nicht mehr bei uns, obwohl er bis 1939 in der Stadt geblieben sein musste. Es gab keine Diskussionen darum, wo er abgeblieben war. Wir haben ihn nie wieder gesehen.

Das einzige Mädchengymnasium der Stadt hatte eine große Zahl jüdischer Schülerinnen. Den jüdischen Bürgern war eine gute Ausbildung für die Töchter wichtiges Anliegen. Bis 1934 war es hier noch regulär möglich, das Abitur abzulegen; offiziell geduldet waren jüdische Schüler noch bis zur Pogromnacht 1938. Viele verließen die Schule aber vorzeitig, mehr oder weniger freiwillig; die Mädchen gingen auf andere Schulen, die sie „praktischer" ausbildeten oder schlicht in die Familie – wie im Übrigen auch viele andere Bürgertöchter.

Werbemaßnahmen

Ein Großereignis bescherte uns ein paar Jahre vor dem Krieg eine Werbeveranstaltung für die Kriegsmarine. Die berühmte „Bremen" und ein Kriegsschiff kamen als große schwimmfähige Modelle mit je zwei Mann Besatzung die Fulda heraufgefahren und legten in unserer Stadt an. Das war eine Begeisterung! Ob sie bei dem einen oder anderen später Anlass für eine Meldung zur Kriegsmarine war? Vielleicht hatte aber auch ein anderes Ereignis analoge Folgen: eine Flugveranstaltung für die Schulen mit Rundflügen über die Stadt. Die alte Me 20 war den ganzen Tag unermüdlich unterwegs und wir mussten lange warten bis wir an der Reihe waren. Es war ein heißer Tag und wir machten erstmals Bekanntschaft mit Coca-Cola. Wir tranken das eiskalte süße Zeug, bis unser Taschengeld ausgegeben war, mit entsprechenden Folgen: ich war tagelang elend krank. Zur Luftwaffe habe ich mich nicht gemeldet.

An jedem Fenster: das Hakenkreuz

keinerlei Bedürfnis die Fahne zu grüßen und wollte sich ins nächste Geschäft verdrücken. Die Flucht misslang und er wurde von einem HJ-Führer verfolgt und barsch zur Rede gestellt: Ob er nicht wisse, was seine Pflicht sei und das auch noch als Hitlerjunge! Er musste sich am nächsten Tag auf der HJ-Dienststelle melden, wo er seine offizielle Rüge abzuholen hatte. Aber er hatte noch Glück. Mit anderen wurde weit weniger sanft umgegangen; es war durchaus gebräuchlich, einen Jungen dafür ein paar Tage in Haft zu nehmen.

Die Fahne grüßen

Fahnen, Symbole der Macht und Schmuckstücke der Nazizeit und ihrer Ästhetik, verwandelten unsere Städte an Festtagen jeglicher Art in ein bewegtes Meer von Hakenkreuzen. Mit dem Hissen der Hakenkreuzfahne auf öffentlichen Gebäuden hatte die Machtdemonstration begonnen. Manche von uns waren stolz und es war für sie erhebend, die Hakenkreuzfahne tragen zu dürfen, bei Aufmärschen und anderen Veranstaltungen. Anderen grauste es förmlich vor der Flagge, die alles besetzte, unser Leben bestimmte. Es war unsere Pflicht, die Fahne mit erhobenem Arm zu grüßen, ihr damit Ehre zu erweisen. Sie nicht zu grüßen, war mit einem Verbrechen zu vergleichen, mehr als ein Vergehen. Dafür konnte es schon mal Schläge vom vorgesetzten Fähnleinführer geben, aber auf jeden Fall eine scharfe Rüge. Das bekam ein Freund zu spüren, der beim Gang durch die Stadt einer marschierenden HJ-Truppe begegnete. Er empfand

Auch bei uns: die Autobahn

Die Reichsautobahn, bereits in den 20er Jahren geplant, war eines der großen Projekte der Nationalsozialisten – weniger militärisch-strategisch angelegt, wie sich zeigen würde, als raumerschließend und vor allem als ein Mittel, um das System zu stabilisieren. An ihrer Umsetzung waren viele tausend Arbeiter beteiligt, die schwerste körperliche Arbeit bei geringem Lohn, in Baracken kaserniert, verrichteten. So mag der Bau durchaus ein zeitweiliges Instrument zur Verringerung der Arbeitslosigkeit gewesen sein. Wie es jedoch um die Lebenssituation und Bezahlung der Arbeiter bestellt war, wird kaum thematisiert; vielmehr wird neben dem Mythos Autobahn ein Autobahnarbeitermythos kreiert. In den späteren Jahren wurden zum Autobahnbau auch Zwangsarbeiter und Kriegsgefangene eingesetzt.

Vom ersten Spatenstich am 23. November 1933 bei Darmstadt bis Ende 1936 wuchs das Autobahnnetz auf 1000 Kilometer an, allerdings in Teilstücken über das Deutsche Reich

Einweihung der sächsischen Autobahn

verteilt. Erst 1937 wurden sie so miteinander verbunden, dass es sich lohnte, den Güterverkehr auf die Straße zu verlegen.

Nachdem 1938 3000 Autobahnkilometer fertig waren, wurden es nach Kriegsbeginn nur wenige hundert Kilometer mehr. Mit Zuspitzung der Lage im Krieg gegen Russland kam der Weiterbau zum Erliegen.

Nach Hitlers Vorstellung sollte die Autobahn auch ein Instrument zur Steigerung des Individualverkehrs werden – das „Autowandern" wurde propagiert. „Wandern mit dem Kraftwagen" sollte dem „Volk" eine Quelle der Erholung verschaffen; Natur und Technik sollten quasi miteinander verschmelzen: Sinnliches Fahrerlebnis bei hoher Geschwindigkeit, das freie Fahren ohne Hindernis zu fernen Zielen und die Wahrnehmung der umgebenden Natur passten wunderbar in das Konzept „Kraft durch Freude". Der ideologische Hintergrund stand deutlich in Verbindung mit den Plänen für den „Volkswagen", den KdF-Wagen, die allerdings nicht umgesetzt wurden: Kriegsvorbereitung und Krieg machten einen Strich durch diese Rechnung.

1937 wurde ein groß angelegtes und durch die bergige Lage in der Umsetzung äußerst kompliziertes Teilstück mit vielen Über- und Unterführungen und Brücken, darunter eine 60 Meter hohe Talbrücke über die Werra, fertig gestellt.

Wir Kinder waren zwar nicht dabei, als der Gauleiter von Kurhessen Weinrich die Strecke mit großem Nazipomp eröffnete, gleichwohl waren wir neugierig und gespannt, die Autobahn nicht nur zu sehen, sondern auch zu erfahren. Diese Chance hatten allerdings nicht viele von uns, denn Privatwagen waren noch eine Seltenheit. Wir hatten das große Glück, dass ein Kollege des Vaters einen nagelneuen Opel Olympia besaß und als begeisterter Automobilist uns an diesem Erlebnis teilhaben ließ. So fuhren wir ganz aufgeregt an einem sonnigen Herbstsonntag mit der ganzen Familie über die Autobahn nach Göttingen – und gleich wieder zurück. Das Ziel war ja unwichtig. Die rasch vorbeiziehende Landschaft und die berauschende Geschwindigkeit des Opel Olympia beeindruckten mich sehr. Dass ich damit als Zehnjähriger dem Mythos Reichsautobahn hervorragend aufsaß, war freilich meiner kindlichen Begeisterungsfähigkeit geschuldet, aber durchaus schon Folge nationalsozialistischer Strategie. Der Genuss freier Fahrt auf wohlasphaltierter Straße durch die deutsche Kulturlandschaft, ein Werk der „Volksgemeinschaft", war Teil dieses Konzeptes und ging auf für die, die es sich leisten konnten. Die Nazis hatten das Unternehmen Autobahn nicht erfunden, aber sie wussten es geschickt propagandistisch für sich einzusetzen.

Der KdF-Wagen

Fünf Reichsmark in der Woche und nach drei Jahren den ersehnten Bestellschein für einen Kraftwagen, den Volkswagen, der nicht teurer als 1000 Reichsmark sein sollte: Davon träumten einige ab 1938, als diese wunderbare Gelegenheit, in den Besitz eines eigenen Kraftwagens zu kommen, vom Leiter der Deutschen Arbeitsfront Robert Ley verkündet wurde. Kaum jemand hatte bis dahin ein eigenes Kfz, nur ein paar Begüterte, Prominente oder besonders Motorbegeisterte.

Mit Geldern der Arbeitsfront und der KdF-Gemeinschaft konnte das Volkwagenwerk bei Fallersleben in Niedersachsen gebaut werden – eine aufregende Angelegenheit, von der auch wir hofften zu profitieren. Was dort aber produziert wurde, denn das Land befand sich in Kriegsvorbereitung bzw. im Krieg, diente ausschließlich der militärischen Aufrüstung. Geländegängige Fahrzeuge für die Wehrmacht wie die Kübelwagen brauchte man. An der Produktion von Privatwagen war kein Interesse mehr seitens der Politik. Doch auch mitten im Krieg noch wurde versprochen, dass „der Besitz eines Kraftwagens ... allen schaffenden Volksgenossen in glücklichen Friedenszeiten die Erschließung des Großdeutschen Reiches ... ermöglichen solle". Davon sollte nichts wahr werden; die Einzahler gingen leer aus, bis auf die Anerkennung eines geringen Betrages, der beim späteren Kauf eines VWs angerechnet wurde.

Vertieft in Abenteuergeschichten

und Detektivschmöker

Eigentlich hatten wir kaum Zeit zum Lesen, aber es gab Bücher, die wir einfach verschlingen mussten. Dazu gehörten zunächst die Romane von Karl May; Winnetou und Kara Ben Nemsi waren unsere Helden, Coopers Lederstrumpf gehörte auch dazu. Als kleinere Kinder hatten wir Grimms Märchen oder Andersen gelesen, jetzt waren es die Germanischen Götter- und Heldensagen, die es uns angetan hatten.

Als wir anfingen zu lesen gehörte auch Erich Kästners „Emil und die Detektive" zu unseren Favoriten. 1933 machte man ihn zu einem verbotenen Schriftsteller. Ob uns das störte?

Als wir schon auf der höheren Schule ange-

11. bis 14. LEBENSJAHR

kommen waren, erweiterte sich unser Literaturinteresse auch auf weniger Anspruchsvolles, wie die mäßig spannenden Detektivgeschichten „Tom Shark", deren Heftformat es zuließ, sie unter der Schulbank zu lesen. 1936 waren wir stark an den Olympia-Heften, die Sportanleitungen enthielten, interessiert; daneben lasen wir Berichte über Zeppelinfahrten und alles über die Luftfahrt von Dornier (wie die legendäre DO X). Auch die Erfindung des künstlichen Indigo fanden wir lesenswert oder „FP1 antwortet nicht". Die Verbindung von Erfindungen und Abenteuergeschichten und die Schilderung von kriegerischen Situationen motivierte uns, ein Buch in die Hand zu nehmen.

Der Freikorps-Roman „Die Geächteten" von Ernst von Salomon, „Auf halbem Wege" und „Armee hinter Stacheldraht" von Dwinger oder Graf Luckners „Seeteufel" fanden unsere Begeisterung. Wir vertieften uns in Bücher von Binding, Carossa, Hesse und Wiechert, aber mehr noch stürzten wir uns auf Jules Verne und andere Zukunftsromane wie „Land aus Feuer und Wasser".

Besuch der Ausstellung „Entartete Kunst"

Während eines Tegernseeurlaubs 1937 blieb dem pubertierenden Knaben nichts anderes übrig, als mit der Familie die obligate Nazi-Ausstellung „Entartete Kunst" in München zu besuchen. Mein Kunstverständnis und meine Kunstkenntnis als 12-Jähriger waren wenig entwickelt. Kunstwerke interessierten einen Gymnasiasten und Hitlerjungen nur marginal. Was ich kannte und mochte, war vom plüschig-bürgerlichen Kunstgeschmack meiner

Andrang vor „Entarteter Kunst"

Eltern geprägt: das mächtige Segelschiff eines Malers Kalckreuth über dem Vertiko war für uns Kunst – und schön.

Etwas Abstraktes wie ein Feininger oder Kandinsky, das war mir so fremd wie ein amerikanischer Straßenkreuzer, nur weit weniger interessant. Wir fanden Bilder von Beckmann oder Dix einfach scheußlich. Diese Kunstwerke entsprachen nicht unseren Sehgewohnheiten. Vielleicht waren wir auch schon von der Nazi-Ästhetik beeinflusst und eingenommen. Wir großen Kinder (und unsere Eltern) absolvierten die diskriminierende Werkschau als Pflichtveranstaltung.

Die Ausstellung, die wir in München wie viele tausend Andere sahen, war Auftakt einer massiven und systematischen Verteufelung und Zerstörung der von den Nazis bezeichneten „artfremden" Kunst. Seit der Machtergreifung der Nationalsozialisten war ihr Bestreben die Gleichschaltung und Vereinnahmung von Kunst und Kulturbetrieb. Die Wanderausstellung war propagandistisches Mittel dazu: Dem „Volk" musste gezeigt werden, was als „arteigen" und „artfremd" zu gelten hatte. Dies betraf nicht nur die Ebene der „Rassenkunde", sondern auch den ganzen Kultursektor. Kunstwerke wie die von Max Beckmann, Paul Klee oder Oskar Kokoschka widersprachen der Blut- und Boden-Ideologie der Nazis vollkommen.

Im Mai 1938 wurden die Werke, die als „entartet" bezeichnet wurden, enteignet. Kaum ein Jahr später wurden in Berlin tausende Kunstwerke öffentlich verbrannt.

Pogromnächte

Jüdische Einrichtungen: verwüstet

7. November 1938: Ein verzweifelter junger Jude schießt in Paris den Legationsrat der deutschen Botschaft Ernst vom Rath nieder. Die Rundfunksender berichten ohne Kommentar darüber. Noch am gleichen Abend versammelt sich in Kassel eine Gruppe von Nazis und macht sich auf, in die Synagoge einzudringen, sie zu verwüsten, Inventar anzuzünden. Viele Schaulustige sind gekommen, johlen, zum Teil Beifall rufend und sehen zu, wie die Horde die Inneneinrichtung demoliert, Gebetsrollen, Stühle und anderes in Brand steckt. Die Meute und ihre Begleiter ziehen weiter zum jüdischen Gemeindezentrum, um auch dort zu randalieren, nachdem unterwegs ein jüdisches Kaffeehaus Opfer ihres Terrors geworden ist. Am nächsten Morgen zeigt sich in der Kasseler Altstadt rund um die Synagoge ein Bild der Verwüstung. Der Gau Kurhessen wird in diesen Tagen zum Vorreiter in Sachen Pogromnächte und leitet das ein, was in der Nacht vom 9. zum 10. November in vielen deutschen Städten und Gemeinden stattfindet: die verharmlosend als „Reichskristallnacht" bezeichnete Hetze und Gewalt gegen die jüdische Bevölkerung.

Mit Bezug auf die Schüsse in Paris und unter Hervorhebung der Ausschreitungen in Kassel (und Magdeburg, wo Ähnliches geschehen war) hält Goebbels in München eine Hetzrede, die zum Sturm gegen Juden, ihre Synagogen, gegen jüdische Einrichtungen und Geschäfte aufruft. In dieser Nacht werden insgesamt 91 Juden getötet, 101 Synagogen und 29 Warenhäuser zerstört; 171 Wohnhäuser und 7500 Geschäfte gehen in Flammen auf oder werden verwüstet. Auch die Schlägertrupps der SA in Kassel sind wieder dabei. Zerschlagene Fensterscheiben geben dem Terror dieser Nacht seinen Namen. Es werden über 20 000 Menschen verhaftet und in Konzentrationslager verschleppt. Aus Kassel und Umgebung sind es 258 Menschen, die nach Buchenwald transportiert werden.

Goebbels befiehlt am 10. November das Ende der Pogrome. Von nun an ist es jüdischen Bürgern verboten, am öffentlichen Leben teilzunehmen.

Am Morgen nach der ersten Pogromnacht in Kassel erschien einer unserer Mitschüler im Unterricht und brachte etwas Merkwürdiges mit, ein verkohltes Stück Papier, das wir nicht identifizieren konnten. Ihm war es beim Sturm auf die Synagoge vor die Füße geweht: Er hielt es für einen kleinen Rest der Thora.

Fahnenmeer am Reichskriegertag

Reichskriegertage

1934 sollte der Reichskriegertag zum ersten Mal bei uns gefeiert werden, fiel aber wegen des „Röhmputsches" aus. Hitler hatte eine Reihe von SA-Größen und anderen ermorden lassen, ein regelrechtes Blutbad angerichtet und die Begründung dazu herausgegeben, es habe unmittelbar ein Putsch bevorgestanden.

Ab 1937 durfte sich dann unsere Stadt, eine traditionelle Garnisonstadt, schon „Stadt der Reichskriegertage" nennen. Aus einem alten, rechten Veteranenverband, dem Kyffhäuserbund, der militärische Traditionen feierte, war ab 1938 eine neue NS-Organisation, der Reichskriegerbund, geworden, der diese Tage veranstaltete.

1939 wurde die nationalsozialistische Ideologie überdeutlich und zentral: Schließlich waren in der Zwischenzeit Österreich, das Sudetenland und das Memelgebiet ans „Reich angeschlossen", wie es heißt, okkupiert worden wäre der korrekte Begriff. Umso selbstbewusster und pompöser wurde dieser erste „Großdeutsche Reichskriegertag" gefeiert. Paraden und Märsche, Kundgebungen und Fahnenweihen beherrschten die Stadt für ein paar Tage, deren Plätze sich traditionsgemäß für große Aufmärsche eigneten. Fast 300 000 Menschen, Veteranen des Ersten Weltkriegs wie Angehörige der Wehrmacht, bevölkerten unsere Stadt. Und der „Führer" kam, landete vor der Stadt mit dem Flugzeug, um die Parade abzunehmen. Wie selten zuvor war die Stadt für dieses Ereignis aufgeputzt. Hitler durchquerte die Stadt, die sich als ein einziges Fahnenmeer präsentierte, im offenen Wagen, frenetisch umjubelt von massenhaft die Straßen säumenden Bürgern. Die Parade mit den alten Kriegern auf der großen Exerzierwiese krönte das Spektakel, wieder mal eine einzigartige nationalsozialistische Selbstinszenierung. Aufgeregt und stolz überreichte ein Jungmädel „seinem" Führer den Blumenstrauß. Wir 13-jährigen Schulchorsänger beobachten sie dabei und warteten auf unseren Einsatz: „Freude schöner Götterfunken" und anderes gaben wir zum besten.

Kriegsvorbereitungen: Der Plan Großdeutschland

1938 und Anfang 1939 machen die Nazis brutal ernst mit ihrer Idee einer großdeutschen Reichsgründung. Ohne Widerstand, fast unblutig marschieren die deutschen Soldaten in Österreich ein, frenetisch bejubelt. Die Freude über den „Anschluss" kommt einer lang ersehnten Wiedervereinigung gleich: endlich „heim ins Reich".

Der sich anschließende geheime „Fall Grün", die Tschechoslowakei zu zerschlagen, wird von Hitler mit einer Wiedergutmachung des Versailler Vertrages begründet. Den Sudetendeutschen sei Unrecht widerfahren. Er schob das Selbstbestimmungsrecht der Sudetendeutschen vor, um gleichzeitig seine Strategie zu verwirklichen: den Vorstoß nach Osten mit der Übernahme gut erschlossener Industrieregionen in der Tschechoslowakei.

Frankreich, England und Italien einigten sich mit Hitler, um den Frieden zu retten: Sie beschließen gemeinsam, die Sudetendeutschen Gebiete an das Deutsche Reich abzutreten. Der Frieden ist jedoch nur von kurzer Dauer, auch wenn Hitler mit dem Münchener Abkommen erfolgreich ist und bekommt, was er will.

Ihm ist das Abkommen längst nicht genug und im März 1939 besetzt er die mehrheitlich von Deutschen bewohnten Zonen. Geschickt spielt er Tschechen und Slowaken gegeneinander aus, zwingt die Tschechen in die Knie und gründet sein „Protektorat Böhmen und Mähren". Wie schon in Österreich folgten den Truppen SS und Gestapo, und eine Verhaftungswelle überrollt das Land. Heydrich wird Hitler das Protektorat auf grausamste Weise sichern.

Kaum zehn Tage später marschieren deutsche Truppen ins Memelgebiet; auch Ostpreußen soll zurückerobert werden.

Als der Krieg begann

„Seit 5 Uhr 45 wird zurückgeschossen ..." – so hörten wir es aus dem Volksempfänger. Es gab Beunruhigung, aber kein panisches Erschrecken. Hitlers eindringliche Stimme verriet uns nichts darüber, was es mit dem vermeintlich polnischen Angriff auf sich hatte. Seit Hindenburgs Tod stand aber bei uns die Möglichkeit eines Krieges im Raum.

Im Jahr 1939 waren wir schon darauf vorbereitet worden: Aber erst kurz vor Kriegsbeginn wurden wir mit Volksgasmasken versorgt. Wir wussten, dass unsere Keller zu Luftschutzbunkern werden mussten. Gleich mit Kriegsbeginn wurden unsere Häuser luftschutzgerecht hergerichtet, auf den Dachböden standen Eimer mit Wasser und Sand, dazu Feuerpatschen. Ein Verantwortlicher je Mietshaus wurde als Luftschutzwart bestimmt, ein Blockwart hatte alles unter seiner Aufsicht.

Sie gehörten auf jeden Dachboden

Wir hatten allerdings keinen Begriff davon, wie umfassend und verheerend ein Krieg, dieser Krieg werden könnte. Es gab keine Erfahrungen mit einem Bombenkrieg, der Frauen, Kinder, Alte wie Junge gleichermaßen betreffen würde – kein Krieg auf einem fernen Schlachtfeld. Es gab die Geschichten der älte-

Luftschutz wurde zur Vorschrift

ren Männer, die den Ersten Weltkrieg miterlebt hatten, Erzählungen über gefallene Angehörige und Freunde, die Schrecken eines Stellungskrieges fernab von zu Hause. Es gab die Mythen von Kameradschaft, Tapferkeit, Heldentum, die uns an Heimabenden der Hitlerjugend beigebracht wurden. Wir kannten die Feiern zum „Tag der Wehrmacht", die Aufmärsche der Veteranen zu den Reichskriegertagen, an denen wir teilnehmen mussten. Tod und Verwüstung durch einen Krieg konnten wir uns aber nicht vorstellen.

Dass die Rüstungsproduktion auf Hochtouren lief, war alltäglicher Gesprächsstoff, aber kein brisant politisches Thema.

Die Gespräche von uns 13-Jährigen, die ohne nennenswerte Vorbehalte in die Hitlerjugendgruppen gingen, waren weder von Angst noch von Euphorie bestimmt. Die Freunde allerdings, deren Väter schon wenige Tage nach Kriegsbeginn an die Front mussten, waren todtraurig. Mütter und Kinder begleiteten die Väter zum Abtransport auf den Güterbahnhof. Dass manche erst nach 1945 wiederkommen würden oder möglicherweise dann längst gefallen sein könnten, war eine grausame Überlegung.

Ins Getto: Ausgrenzung und Entrechtung

Nach der „Kristallnacht" begannen die Nazis umgehend mit der Gettoisierung der jüdischen Bevölkerung. Juden waren angehalten, ihre Wohnungen zu verlassen, was im Nazi-Jargon „Ausscheiden aus deutschen Wohnungen" genannt wurde. Für die jüdischen Familien bedeutete das, ihren letzten Rückzugsort, ihr langjähriges angestammtes Zuhause aufzugeben. In andere Stadtteile verbannt, mit anderen Familien und Freunden auf engstem Raum oder zusammengepfercht in so genannten „Judenhäusern", begann ein Leben im Getto. Dazu kam, dass ihre gesamte Bewegungsfreiheit eingeschränkt wurde: Kein Ausgang mehr nach 20 Uhr, Verlassen des Wohnbezirkes nur mit polizeilicher Erlaubnis. Die eigens eingerichteten „Judenläden" waren oft schwer zu erreichen, mancher musste die ganze Stadt durchqueren, um seine Grundnahrungsmittel zu kaufen.

Juden wurden nach der Pogromnacht mit atemberaubender Geschwindigkeit aus dem öffentlichen und kulturellen Leben ausgeschlossen. Sie durften kein Theater, kein Kino, kein Museum mehr besuchen; sie konnten nicht mehr über ihr Vermögen verfügen, durften sich nicht mehr von einem Anwalt vertreten lassen. Mehr und mehr funktionierte die komplette Entrechtung der jüdischen Bevölkerung, eine soziale Vernichtung, die einen Vorgeschmack auf ihre folgende physische Vernichtung gab.

Mit der Pflicht zum Tragen des gelben Judensterns wurden sie zum weithin sichtbaren „Volksfeind" stigmatisiert. Judensterne kündigten die „Endlösung der Judenfrage" an.

Die übrige Bevölkerung wurde gewarnt vor dem sozialen Umgang mit ihren ehemaligen Nachbarn, Bekannten, bis zur Androhung von „Schutzhaft". So reichte das Spektrum der Reaktionen von offenem Judenhass bis zu Solidaritätsbezeugungen. Die meisten aber schwiegen, zeigten kein Interesse, nahmen nicht Stellung, verhielten sich wie immer ...

Aus unserer Stadt gab es zwischen Ende 1941 und Ende 1942 drei Deportationen. Zuvor waren die Menschen in einer Turnhalle gesammelt und noch einmal kontrolliert worden. Ihre Möbel, ihre Wertsachen – wenn man richtig hinsah, konnte man das erkennen und seine Schlüsse ziehen – übernahm

der Auktionator. Im geschlossenen Zug marschierten die Menschen durch die Stadt zum Bahnhof: in Richtung Riga, Majdanek, Theresienstadt.

Von der Verfolgung zur Vernichtung

Auf der „Wannseekonferenz" am 20. Januar 1942 wird die „Endlösung der Judenfrage" beschlossen: die radikale, industriell betriebene Vernichtung der Juden.

(Groß-)Deutschland soll „judenfrei" gemacht werden. Diese Massenvernichtung durfte jedoch nicht im Reich geschehen, nicht vor den Augen der Deutschen, sondern im deutschen Einflussgebiet, in Polen. Es gab bereits anderswo Konzentrationslager, die nicht zur Vernichtung vorgesehen waren, wie in Buchenwald oder Dachau, nun aber begann die technisch-fabrikmäßige Ermordung der Juden und anderer Unerwünschter. Die Gettos wurden geräumt. Im polnischen Belzec wurde das erste Vernichtungslager eingerichtet. Auschwitz, Treblinka und andere folgten. Mehr als fünf Millionen Menschen werden Opfer dieser Vernichtungsmaschinerie.

11. bis 14. LEBENSjahr

1940-1944

Von der Tanzstunde an die Front

Das 15. bis 18. Lebensjahr

Wir Hitlerjungen

Schule und Hitlerjugend – diese beiden mehr oder weniger geliebten oder verhassten Institutionen bestimmten unsere ganze Kindheit und Jugend. Nun befanden wir uns im Krieg.

Für uns Jungen hießen Jungvolk und die „eigentliche" Hitlerjugend, in die wir ab unserem 14. Lebensjahr überführt wurden, schlicht Vorbereitung auf das künftige Soldatsein. Die einen mehr, die anderen weniger enthusiastisch, gingen wir zu unseren Übungen, Abenden und Fahrten. Tatsächlich waren viele von uns mit Leib und Seele Jungnazis, erklommen Ränge und Positionen und schmückten sich mit Abzeichen in der HJ-Hierarchie; sie waren stolz Uniform zu tragen und sich an militärischem Gerät, ja an Waffen zu üben. In den meisten Oberschulklassen saßen lauter kleine „Führer": Jungzugführer, Fähnleinführer und andere;

wenige aber kamen auch in Uniform zum Unterricht. Diese Jungen waren jedoch stark politisch motiviert und manch einer von ihnen ging kurz darauf zur SS.

Das Sportlich-Spielerische in der HJ, gepaart mit der Vorstellung, bald richtig als Soldat „dazuzugehören", gefiel aber vielen unter uns.

Sport in der HJ hatte wenig mit dem grässlichen Geräteturnen in der miefigen Turnhalle der Schule zu tun. Hier ging es um mehr, um Bedeutsameres, wie wir dachten, dessen Tragweite uns allerdings kaum bewusst war. Denn vieles blieb noch im Bereich von Spiel und Vergnügen: Ballsport, Geländespiele und Leichtathletikwettkämpfe wirkten auf uns wie ungezwungene Freizeitveranstaltungen. Vorausgesetzt, einer war nicht von Grund auf unsportlich oder hasste Wettkämpfe, wie

Chronik

9. April 1940
Die Wehrmacht marschiert in Dänemark und Norwegen ein.

10. Mai 1940
Deutscher Angriff auf die Niederlande, Belgien, Luxemburg.

15. November 1940
Abriegelung des Warschauer Gettos.

6. April 1941
Deutsch-italienischer Angriff auf Jugoslawien und Griechenland.

22. Juni 1941
Überfall auf die Sowjetunion.

11. Dezember 1941
Kriegserklärung von Deutschland und Italien an die USA.

20. Januar 1942
Wannseekonferenz: Die „Endlösung" der Judenfrage wird beschlossen.

28. März 1942
Erste Flächenbombardements auf deutsche Großstädte.

22. November 1942
Die 6. deutsche Armee wird in Stalingrad eingeschlossen.

18. Februar 1943
Goebbels verkündet den „totalen Krieg".

19. April 1943
Der Aufstand im Warschauer Getto beginnt.

13. Mai 1943
Kapitulation des Afrikakorps.

6. Juni 1944
Landung alliierter Truppen in der Normandie.

20. Juli 1944
Das Bombenattentat auf Hitler durch deutsche Offiziere scheitert.

Technikbegeisterte Hitlerjungen

einer meiner Freunde, der sich als langer dünner Knabe weder für körperliche noch militärische Ertüchtigung erwärmen konnte: Er verdammte die von den meisten geschätzten Geländespiele als Kampfspiele. Was sie tatsächlich waren: Märsche in geschlossener Formation, Anschleichen an fiktive Feinde, dazu das Kartenlesen, Wacheschieben, militärische Meldungen, Übungen im Kleinkaliberschießen waren Inhalt dieser „Spiele".

Oberste Priorität im HJ-Alltag hatte der Sport in Verbindung mit Leistungsansporn und dem Einüben von kämpferischer Haltung. Im Sport hatte die NS-Ideologie mit ihrer Volksgemeinschaftsidee ein einzigartiges Erziehungsmittel in der Hand, was auf uns junge Leute hervorragend wirkte, und damit ein leichtes Betätigungsfeld.

Die NS-Erziehung zum Aktivismus nutzte unseren jugendlichen Bewegungsdrang aus. Unser Wunsch nach Aktivität wurde entfacht und gleichzeitig gezähmt, in Form gebracht.

Letzte Wochen auf der Schulbank

Ziel all dessen war unser Einsatz im Kriegsgeschehen, der Dienst mit der Waffe.

In engem Zusammenhang mit der dominierenden körperlichen Ertüchtigung standen die Möglichkeiten von Technik und Motorisierung. Da konnten unsere Jungen-Interessen leicht integriert werden. Die Motor-HJ mit der Möglichkeit, den Führerschein zu machen, war besonders begehrt. Fahrzeuge, Waffen, das Bedienen von technischem Gerät – das fanden wir aufregend.

Die HJ-Führung mit Baldur von Schirach hatte erkannt: Wenn sich Jugendliche mit der HJ identifizierten, konnte ihnen ein bisher nicht gekanntes Selbstwertgefühl vermittelt werden. Wir konnten uns gegenüber der Erwachsenenwelt und unter Gleichaltrigen über Positionen in der HJ-Hierarchie Geltung verschaffen. Auch das Motto „Jugend von Jugend geführt" zog uns an. So gewachsenes Selbstbewusstsein täuschte uns über Abhängigkeiten und Unselbständigkeiten in dieser NS-Institution hinweg. So wollten uns die Nazis haben: aktiv, leicht zu motivieren, körperlich leistungsfähig, tüchtig, gewöhnt an Disziplin; wir sollten uns ohne Nachdenken an ihre Organisationsformen binden und uns selbstbewusst fühlen in Bezug auf unsere Stellung in der HJ.

Natürlich gehörte auch ein Stück Fahrtenromantik dazu, das Leben in einer Lagergemeinschaft unter Gleichaltrigen. Hier knüpfte die Hitlerjugend geschickt an die frühere Jugendbewegung und die Gruppen der bündischen Jugend an.

Daneben gab es die für uns eher öden Heimabende, das Strammstehen und Fahnentragen bis zum Umfallen bei Feiern und Aufmärschen, das Exerzieren und die verschiedenen Sammlungen für das Winterhilfswerk etwa. Hierbei war uns unsere Freizeit dann doch oft zu schade, denn viel Platz für anderes blieb nicht. Wir trafen uns dennoch bei Freunden daheim, machten auch privat unsere unerlaubten Schießübungen, trafen uns im Schwimmbad am Fluss und ab und zu machten wir Touren mit dem Paddelboot. Aber HJ und Schule hatten uns fest im Griff.

Betrifft: Körperliche Ertüchtigung der HJ

„... die Hitler-Jugend ist berufen, mit der Durchführung des neuen Erziehungsgrundsatzes der Einheit von Körper, Geist und Seele den neuen nationalsozialistischen Menschen von der Jugend her von Grund auf zu formen. Diese Erziehung zum Nationalsozialisten ist in erster Linie eine Angelegenheit des Charakters und damit der Willensbildung. Sie muss dort einsetzen, wo der Mensch noch beeinflussbar ist, also in seiner frühesten Jugend. Diese charakteristische Schulung des jungen Deutschen findet in der HJ ihren äußeren Ausdruck in der Haltung des Hitlerjungen, in seiner freiwilligen Unterordnung, seinem Gehorsam gegenüber seinen Führern, in seinem Pflichtbewusstsein, seiner Kameradschaftlichkeit, seiner Liebe zu seinem Führer, seinen Volksgenossen und seinem Vaterland, in dem jederzeit freiwilligen Einsatz des eigenen Lebens für die Idee des Nationalsozialismus. Neben dieser geistigen Schulung steht die körperliche Ausbildung. (...)"

Aber nicht aus gesundheitlichen Gründen allein hat sich die HJ die körperliche Ertüchtigung der deutschen Jugend zur Aufgabe gemacht. Der Einsatzwille nützt nichts, wenn nicht auch die körperliche Leistungsfähigkeit vorhanden ist, ihn in die Tat umzusetzen.

Die Erziehung zu höherer körperlicher Leistungsfähigkeit hat weder mit militärischen Dingen noch mit Soldatenspielerei etwas zu tun. Es ist eine der von der HJ übernommenen großen Aufgaben, dafür zu sorgen, dass jeder Hitlerjunge einen gesunden, sportlich gestählten und leistungsfähigen Körper erhält. Das ist aber nur der Fall, wenn jeder Hitlerjunge laufen, springen, werfen, sich wehren (boxen und ringen), retten (schwimmen) lernt, wenn er marschieren, Luftoder Kleinkaliberschießen kann und im Gelände seinen Mann steht.

Wochenpläne der Hitlerjugend

(1 Turnabend etwa 2 Stunden)

Spiele ohne Gerät: 5–10 Spiele ohne Gerät. Übungen ohne Gerät: Ausgangsstellungen und etwa 5–8 gymnastische Übungen.

Bodenturnen: Rollen vor- und rückwärts, Doppelrolle vor- und rückwärts. Hechtrolle über 1 Mann.

Boxschule (nur wo Lehrer vorhanden): Vorstellung, der gerade Stoß, Hochdeckung gegen Mitstoß, Hoch- und Tiefstoß, Hoch- und Tiefdeckung gegen Vor- und Nachstoß.

Oder: (1 Sonntagvormittag etwa 3–4 Stunden) Unterricht: Kartenkunde 1:25 000. Zurechtfinden nach Sonne und Uhr. Einrichten der Karte.

Im Gelände: Zurechtfinden im Gelände nach der Karte 1:25 000 verbunden mit kleinen Orientierungsaufgaben.

Ordnungsübungen: Etwa 15 Minuten Einzelausbildung und geschlossene Ordnung der Gruppe.

Oder: (1 Sonntagvormittag etwa 4–6 Stunden) Übungsmarsch: 10–15 Kilometer mit 5–10 Kilogramm Gepäck, je nach Alter und Leistungsfähigkeit, verbunden mit Lageraufbau, Abkochen usw. je nach Witterung, oder mit Orientierungsaufgaben mit und ohne Kompaß; Geländebeschreibung, Geländeausnutzung, Tarnen, Entfernungsschätzen.

Oder: (1 Sonnabendnachmittag etwa 2–3 Stunden) Wiederholung:

Schießlehre: Vorgang beim Schuß außerhalb der Waffe. Dreieckzielen: Anschlag sitzend am Anschußtisch und liegend aufgelegt. Zielen und Abkrümmen usw.

(Auszug aus: Verordnungsblatt der Reichsjugendführung vom 15. März 1934)

15. bis 18. LEBENSjahr

Vierjahresplan

Ziel des Vierjahresplanes von 1934 war es, Lösungen für Ernährungs- und Rohstoffprobleme zu finden und den „Selbstbehauptungskampf" zu gewinnen. Die Lebensmittelversorgung war ebenso zu gewährleisten wie die Ausrüstung mit den notwendigen strategischen Materialien: Dazu gehörte etwa der Ausbau der Eisen- und Stahlindustrie, die Produktion von synthetischem Kautschuk, die Entwicklung von Leichtmetallen und die Überwindung der Importabhängigkeit bei den Industriefetten. „Die deutsche Armee muss in vier Jahren einsatzfähig sein und die deutsche Wirtschaft muss in vier Jahren kriegsfähig sein." Das steckte dahinter.

Kriegsalltag: Verdunkelung und Rationierung

Was unseren Kriegsalltag sofort konkret betraf, war u. a. die Verordnung zur Verdunkelung, die eine Einschränkung des täglichen Lebens bedeutete, für uns große Kinder aber auch ein Abenteuer darstellte.

Die Durchlässe in den Fensterläden zu verstopfen reichte nicht aus, das Licht im Innern des Hauses einzuschließen. Es mussten eigens vorgesehene Jalousien, die keinen Lichtschein nach außen ließen, angeschafft werden. Ab der Dämmerung saßen wir wie im Kerker eingesperrt. Die Straßen waren stockfinster, was uns jedoch nicht davon abhielt im Dunkeln herumzulaufen; aber man musste vorsichtig sein. Gefährlich konnten die Straßenlaternen werden und wir selbst trugen kleine phosphoreszierende Leuchtplaketten, um nicht ständig mit jemandem zusammenzustoßen.

Unseren Alltag bestimmte auch die Rationierung der Lebensmittel. Wir waren durchaus schon daran gewöhnt, dass bestimmte Nahrungsmittel reduziert waren: so gab es seit 1934 im Zuge des Vierjahresplanes schon keine Sahne mehr, weil sie zu Butter verarbeitet wurde. Wir hatten ja auch schon die „Eintopfsonntage" mitgemacht: Einmal im Monat statt des üblichen Sonntagsbratens gab es schlichten günstigen Eintopf. Wir sparten für den Krieg.

Nun aber waren von einem Tag auf den anderen alle Lebensmittel nur noch mit Lebensmittelkarten zu bekommen. Das betraf sogar Kartoffeln, Mehl und Brot; und unser Fett- und Fleischverbrauch musste drastisch verringert werden. Dick bestrichene Butterbrote gab's nicht mehr. Unser Tisch wurde gedeckt mithilfe der „Lebensmittelkarte", der Brot-, Fleisch-, Fett- und Milchkarte. Den Mangel empfanden wir Kinder weit weniger dramatisch als unsere Mütter, die mit dem immerwährenden Appetit

Dieses Haus ist schlecht verdunkelt!

Dadurch sind nicht nur seine Bewohner, sondern auch die Nachbarn gefährdet. Der Feind wirft seine Bomben dort ab, wo er einen Lichtschein bemerkt.

Luftschutzwart und Hausbewohner werden aufgefordert, selbst dafür zu sorgen, daß auch in diesem Hause die Verdunkelung schnellstens und restlos durchgeführt wird.

Dieser Anschlag wird erst entfernt werden, wenn alle Wohnungen und das Treppenhaus — auch nach der Hofseite — einwandfrei verdunkelt sind.

DER ORTSPOLIZEIVERWALTER

Festgestellt am:

Unbefugte Entfernung dieses Anschlages wird bestraft

Druck: Wilhelm Limpert, Berlin SW 68

ihrer Halbwüchsigen zurechtkommen und ihn bremsen mussten.

Unser gesamter Konsum musste stark eingeschränkt werden, auch was unsere Kleidung betraf: Mit „Kleiderkarten" mussten wir uns bescheiden, auch das Schuhwerk war rationiert. Aber die Verteilung, so schien es, war eine gerechte und ließ die Menschen trotz der Entbehrungen vieles hinnehmen, auch das Regime. Es gab keinen Hunger. Und Goebbels überbrachte der Bevölkerung mit Vehemenz und der Penetranz seiner Medien die Botschaft, dass ihr Schicksal untrennbar mit der ganzen „Volksgemeinschaft" verbunden sei. Das schaffte erstaunliche Ruhe.

Hitlerjungen sammeln Altmetall

Wir sammeln alles

Unser jugendlicher Vorkriegs- und Kriegsalltag war mitbestimmt vom Sammeln jeglicher Materialien und Geldbeträge und vom Spenden. Wir sammelten für das Winterhilfswerk, das schon vor der Nazizeit als Notmaßnahme für Arbeitslose in der kalten Jahreszeit eingeführt worden war, für den Luftschutz, für das Jugendherbergswerk, für das „Deutschtum im Ausland" und viele andere NS-Institutionen. Wir Jugendlichen, vor allem als Hitlerjugend, aber auch Erwachsene aus NS-Organisationen und zuweilen vorneweg die lokale NS-Prominenz, wurden als Sammler eingespannt. Die Sammelbüchse in der Hand waren wir unterwegs mit der Aufgabe, die Unabhängigkeit des „Reiches" aufrechtzuerhalten.

Wer endlich spendete, war zuvor oftmals geradezu genötigt worden. Für eine gezahl-

te Mindestsumme erhielten die Spender Plaketten, Anstecker, die massenhaft produziert wurden und ständig wechselten. Es empfahl sich dringend, diese zu tragen, sich quasi damit auszuweisen, um nicht öffentliches Missfallen zu entfachen. Die Spende war zur sozialen Verpflichtung geworden – für die „Volksgemeinschaft".

Im Zuge des Vierjahresplanes sammelten wir nicht nur Geld, sondern zu Hause und in den Schulen auch alles erdenklich Verwertbare: Vom Altmetall, Blechdosen, Stanniol aus den Schokoladepapierchen (die in der Fahrzeug- und Rüstungsproduktion wiederverwertet wurden) über Altpapier, Textilreste und Lumpen bis hin zu Nahrungsabfällen und, ganz oben auf der Liste, Knochen. Diese wurden als nützlicher Rohstoff angesehen, aus denen man Knochenfett, -leim und -mehl extrahieren konnte.

15. bis 18. LEBENSjahr

Kriegsalltag in der Schule

Nach 1939 wurde der Unterricht oft unterbrochen, etwa für Erntehilfeeinsätze oder Sammlungen von Wildfrüchten; das Engagement der Schüler wurde in Kriegszeiten notwendig. In den frühen Kriegsjahren, in der „Siegesphase", wurden oft Kriegsereignisse im Unterricht besprochen. Mit Fortschreiten des Krieges erschienen uns die geforderten Schularbeiten in Latein oder Mathematik, sonst enormes Hindernis, als unangemessene Pflichtübung. Aus Mangel an männlichen Lehrern, die nach und nach zur Wehrmacht eingezogen wurden, kam immer mehr weibliches Lehrpersonal, meist junge Lehrerinnen. Viele der zum Kriegseinsatz berufenen Lehrer kamen nicht zurück, auch manche ältere Schüler fielen an der Front, während unser Unterricht noch weiterging. Gedenkfeiern für die Gefallenen unserer Schule waren an der Tagesordnung und häuften sich. Der Schuldirektor hielt die Gedenkrede für seinen gefallenen Sohn, ein beeindruckendes Erlebnis für uns, die jetzt noch singen durften, bald aber „dabei sein" würden. Wir saßen schließlich auf der Wartebank, manche ungeduldig, ihren „Dienst fürs Volk" zu leisten, manche ängstlich ob solcher Zukunftsaussichten.

Konfirmation und lange Hosen

Wir waren ja schon ausgelastet mit Schule und HJ – und nun auch noch der Konfirmandenunterricht, noch eine Pflichtübung, deren Relevanz viele von uns nicht einsahen.

Die Institutionen mussten um uns konkurrieren. Eher kritische Pfarrer waren streng und

Endlich lange Hosen!

enttäuscht, wenn unsere Termine mit der Hitlerjugend, oft eben auch am Sonntagmorgen, wenn wir eigentlich zum Gottesdienst hätten kommen sollen, kollidierten. Der Zwang zur HJ aber war stärker und mit mehr Sanktionen verbunden. Da konnte der Pfarrer ärgerlich sein ...

Wir wurden 1941 konfirmiert, kein sonderlich bedeutsamer Tag in der Erinnerung. Ein entscheidender Schritt zum Erwachsenenleben wurde allerdings deutlich sichtbar: Endlich durften wir lange Hosen tragen, ein Zeichen unserer frischen Männlichkeit.

Väter, die bei der Wehrmacht waren, hatten zu diesem Anlass Urlaub von der Front beantragt. Nicht alle bekamen ihn. Ein Freund ließ sich aus diesem Grund „nachkonfirmieren".

Und was bekamen wir? Ein Nazi-Onkel verschenkte „Mein Kampf". Der stand jetzt in Konkurrenz zur Bibel, die wir nun natürlich auch im Regal hatten. Herausragendes Geschenk war meistens eine Armbanduhr. Für die Mädchen, die mit uns konfirmiert wurden, gab es obligatorische Dinge für die Aussteuer und vielleicht ein bisschen Schmuck für die erwachende Weiblichkeit.

Kirche im NS-Staat

Die evangelische Kirche als frühere Staatskirche war nationalen Traditionen stark verhaftet. Eine große Mehrheit jubelte früh den Nazis zu.

1932 war ein Zusammenschluss protestantischer Nationalsozialisten entstanden, die „Deutschen Christen", die die Kirchen aufforderten, sich in das NS-System zu integrieren, quasi eine Gleichschaltung zu erreichen, und die zahlreichen Landeskirchen zu einer Reichskirche zu vereinheitlichen, organisiert nach einem Führerprinzip. Schon im Jahr darauf gewannen sie die Kirchenwahlen in der neuen Reichskirche und stellten die Bischöfe der Landeskirchen. Die evangelischen Jugendverbände wurden kurzerhand in die Hitlerjugend überführt.

Als Reaktion gründete Martin Niemöller den „Notbund" evangelischer Pfarrer. Die „Freie Synode" 1934 legte fest, dass die Bibel bestimme, was positives Christentum sei. Hier formierte sich auch die „Bekennende Kirche" mit Dietrich Bonhoeffer und anderen.

Der kirchliche Protest richtete sich gegen die Euthanasie-Programme der Nazis, aber anfangs kaum gegen die Judenverfolgung. Es gab keine öffentliche Äußerung der Kirchen zu den Nürnberger Gesetzen und zur Pogromnacht.

Mit Beginn des Krieges wurde vielmehr eine Art „Burgfrieden" geschlossen. Im Verlauf des Krieges wurden zahlreiche kritische Kirchenleute verfolgt, von der Gestapo verhaftet und ermordet.

Tanzstunde

Nach der Konfirmation stand die nächste Station zum Erwachsenwerden auf dem Programm: 1942 mussten wir tanzen lernen. Einer mit mehr Freude als der andere.

Dabei war immer präsent, dass wir uns mitten im Krieg befanden. 1941 hatte es schon verschiedene Bombenangriffe auf deutsche Städte gegeben, der Krieg war also direkt bei uns. Und das Blatt hatte sich gewendet, die Jubelmeldungen der Wochenschauen ebbten ab und eine Stimmung der Resignation machte sich breit – und eine Gewissheit: Das konnte nicht gut gehen!

Und trotzdem wollten wir tanzen: In einem opulent ausgestatteten Tanzsaal im Stil der Jahrhundertwende mit roten Samtvorhängen, Portieren und Stuck lernten wir die ersten Schritte – auch auf die Mädchen zu. Auf beiden Längsseiten des Saales standen die Stühle – für je ein Geschlecht. Die Eltern konnten das Tun ihrer Sprösslinge von einer Reihe erhöhter Logenplätze (wie im Theater) beobachten. Väter kamen allerdings fast nie dazu, die meisten waren im Krieg.

Die Kurse waren von der Tanzschule so zusammengestellt worden, dass die „Höheren Schulen" aufeinander trafen: Die Gymnasien, Lyzeen, Oberrealschulen. Und die Mädchen waren passenderweise ein Jahr jünger als wir.

Wir lernten die ganze Palette der Standardtänze: Walzer, Foxtrott, Tango und später noch Polka. Zum Tanzenlernen gehörte auch Anstandsunterricht. Man brachte uns Benimmregeln bei, Höflichkeitsrituale und wann man das Taschentuch der Dame aufheben durfte. Das hatte bei manchen von uns

15. bis 18. LEBENSjahr

53

Annäherung ans andere Geschlecht

weitreichende Folgen; ein paar Klassenkameraden führten ihre Tanzpartnerinnen später zum Traualtar.

Großes Ereignis war die Vorstellungsstunde, in der die „Damen" den „Herren" vorgestellt wurden und umgekehrt. Nach dem Aufruf des Namens trat man vor, vollführte seine Verbeugung oder einen Knicks vor den gegenüber Sitzenden des anderen Geschlechts. Das war die anstrengendste Stunde überhaupt! Hier musste es gelingen, die vielleicht schon vorher von ferne auf dem Schulhof oder bei einer HJ-Veranstaltung ausgewählte Dame als Erster zum Tanz aufzufordern, um ihr zu zeigen, dass man sie als seine Tanzstundendame erwählt hatte. Das Gedränge war fürchterlich. Ich hatte zwar Erfolg; aber die Erstgewählte wurde im Weiteren doch nicht meine Tanzstundendame.

Neben den eigentlichen Tanzstunden gab es auch private Tanzvergnügungen, die von uns so genannten „Hausbälle". Dort konnten wir endlich mal ohne den scharfen Blick der Tanzlehrer die gleichaltrigen Mädchen ein bisschen näher kennen lernen und unsere neuen Fertigkeiten ausprobieren. Schließlich war dies die erste Möglichkeit, denn unsere Schulbänke durften wir nicht mit dem anderen Geschlecht teilen.

Die Stunden nach dem Tanzen waren schön und spannend. Wie könnte es weitergehen mit diesen unbekannten Wesen, die anzusehen einen schon zum Schwitzen brachte; was gäbe es noch mit ihnen zu entdecken – außer scheuem Händchenhalten auf der offenen hinteren Plattform des Straßenbahnwagens. Denn man begleitete seine Dame natürlich bis zum heimischen Gartentor. Würde man einander treu bleiben?

Es kam alles ganz anders. Eine Dienstverpflichtung, z. B. in ein Lager der KLV, der „Kinderlandverschickung", beendete manche Bemühungen um Eleganz und Benimm. Den Abschlussball konnte manch einer daher nicht mehr erleben.

Ein Jahr später lag auch unsere Tanzschule in Schutt und Asche.

Propagandafilme

„Hitlerjunge Quex" aus dem Jahr 1933 mit dem Untertitel „Vom Opfergeist der deutschen Jugend" ist die Geschichte eines Jungen aus kommunistischem Elternhaus, den es zur Hitlerjugend drängt, dies aber zu Hause nicht erwünscht ist. Nach einem Anschlag auf die HJ-Gruppe, von der kommunistischen Jugendorganisation verübt, wird der Junge verantwortlich gemacht – so denken die Hitlerjungen. Dieser aber steht auf deren Seite und informiert die HJ über einen geplanten Bombenanschlag der Kommunisten; der findet nicht statt – später wird der Junge dafür büßen. Er wird von den Kommunisten ermordet.

„Jud Süß" von Veit Harlan (1940) geht auf eine Novelle Wilhelm Hauffs zurück; hier findet eine einzigartige Denunziation der Juden – in einem anderen historischen Kontext – statt. Jüdische Kultur wird durchgängig mit negativen bedrohlichen Eigenschaften versehen. Höhepunkt des Films ist die von der Hauptfigur begangene Vergewaltigung eines „arischen" Mädchens, im Sinne der NS-Ideologie „Rassenschande". „Jud Süß" wird zu dem NS-Propagandafilm.

Von der Wochenschau zur „großen Liebe"

Natürlich gingen wir gern und oft ins Kino. Allein oder mit Freunden, später mit den ersten Liebschaften, waren wir glücklich, wenn es uns gelang, in Filme für eine höhere Altersgruppe an der Kassiererin vorbeizuschlüpfen. Wir sahen praktisch alles, das ganze Spektrum an Themen und Genres: wir liebten Tierfilme ebenso wie Kriegsfilme über den Ersten Weltkrieg und genauso Schnulzen mit Zarah Leander wie „Die große Liebe", Filme mit der „Reichswasserlei-

Quax, der Bruchpilot

che" Kristina Söderbaum oder Durchhalte-Revuefilme mit Marika Rökk. „Die Feuerzangenbowle" und „Quax der Bruchpilot" mit Rühmann und die Filme Leni Riefenstahls gingen nicht an uns vorbei.

Auch die Wochenschauen als Propagandamedium gehörten zum Kinobesuch.

Mehr NS-Ideologisches bekamen wir in den monatlichen „Jugendfilmstunden" zu sehen, zu denen wir in Uniform und in geschlossenen Einheiten geführt wurden. Das fand immer am Sonntagmorgen statt; sonst hätte noch jemand auf die Idee kommen können, zur Kirche zu gehen.

Hier sahen wir die nationalsozialistischen Propagandafilme wie „Jud Süß", „Hitlerjunge Quex" oder Leni Riefenstahls NS-Dokumentationen über den Reichsparteitag in Nürnberg und die Olympischen Spiele 1936.

Kinos waren für die Nazis hervorragende Orte für ihre Propaganda. Schon 1934 wurde die Gleichschaltung durch die Reichsfilmkammer eingeleitet; jeder Kinobetreiber hatte dort Mitglied zu sein.

Im Vorprogramm gab es so gennante „Kulturfilme", oft Propagandafilme über Rassenlehre, Partei oder Militär. Die Wochenschauen waren unvermeidlich; wer nicht rechtzeitig zur Wochenschau im Kino saß, wurde nicht mehr eingelassen. Wir sahen und hörten die pathetischen Kriegsberichte, die Erfolgsmeldungen vom Vorstoß im Westen oder (zunächst) in der Wüste Nordafrikas und die Beschönigungen des Feldzuges im Osten.

Die Besucherzahlen in den Lichtspielhäusern stiegen enorm: Waren es 1932 noch 240 Millionen Zuschauer, so 1938 bereits 400 Millionen; der Gipfel war 1942 mit 1 Milliarde Kinobesuchern erreicht. Aber selbst in den späteren Kriegsjahren ging man weiterhin ins Kino – solange es noch stand oder notdürftig wieder aufgebaut war. Nach den großen Luftangriffen war eine Weile Pause; aber alle brauchten das Kino: Wir, um uns zu unterhalten, Vergnügen zu haben, die Nazis, um ihre Durchhaltefilme und ihre Propagandaberichte unter die Menschen zu bringen.

Abschied: Von der Schule an die Flak

Von der Schulbank an die Flak

Anfang 1942 begann der systematische Einsatz von 15- bis 16-jährigen Schülern als Luftwaffenhelfer. Uns traf es im Frühjahr 1943: Spätestens jetzt war unsere Kindheit vorbei, wir wurden zum Kriegsdienst eingezogen.

Wir empfanden diesen Einsatz höchst ambivalent. Es gab nun keinen regelmäßigen Unterricht mehr, was uns freute. Und wir konnten uns „ernsthaft" im Kampf erproben. Aber wir mussten hinaus aus dem familiären Schutz, der uns noch einen kindlichen Freiraum gewährt hatte, wir wurden kaserniert und waren nicht mehr „frei".

1942 hatten flächendeckende Bombardements von deutschen Großstädten begonnen, die Kölner Innenstadt war zerstört, das Ruhrgebiet wurde massiv angegriffen. Auch unsere Stadt war seit 1941 von Bombenangriffen betroffen und ständig bedroht, vor allem wegen der intensiven Rüstungsproduktion.

Unsere Klasse wurde geteilt: Die älteren, 1925 geborenen Mitschüler, kamen schon direkt zum Reichsarbeitsdienst, wir 26er wurden Flakhelfer.

Am 15. Februar 1943 wurde es ernst. Als die ersten Schüler – eine Woche vorher war uns dies angekündigt worden – wurden wir zum Einsatz an den Flugabwehrkanonen eingezogen. Ein junger Offizier holte alle Jungen vom Jahrgang 26 aus unserer Schule ab und wir marschierten in unseren HJ-Uniformen durch die Stadt in „unsere" Stellung. Was vor uns lag, wusste keiner so richtig, aber wir waren neugierig und sehr gespannt.

Begrüßt vom Batteriechef, wurden wir erst einmal eingekleidet: zunächst in richtige Luftwaffenuniformen, denn man hatte für diese gänzlich neue Einrichtung (Schüler an der Flak) noch keine eigenen Uniformen. Nur die HJ-Armbinde unterschied uns von den Soldaten.

Unser neuer Lebensraum waren Baracken mit Stuben für etwa 20 junge Männer; wir schliefen in Doppelstockbetten mit Strohsäcken, sodass wir einen Vorgeschmack auf das kommende militärische Leben bekamen, was wir aber schon aus den HJ-Lagern kannten. Es waren ganz normale Soldatenunterkünfte mit einem Spind für jeden für die Kleidung und die wenigen persönlichen Dinge. Unterwäsche und Hemden wurden uns zugeteilt, noch gab es Strümpfe.

Wir waren hier nicht die einzigen Helfer: So genannte „HiWis", „hilfswillige" russische Kriegsgefangene waren ebenfalls hierhin beordert, allerdings streng von uns getrennt – wir durften nicht einmal mit ihnen sprechen. Sie verrichteten körperlich schwere Hilfsarbeiten wie das Ausheben der Stellungen, Munition schleppen. Sie lebten in eigenen Baracken. Ab und zu winkte uns einer von ihnen zu.

Die Kanonen bekamen wir nicht sofort zu sehen. Der Dienst begann mit dem Üben von Stehen und Marschieren, für uns Hitlerjungen nichts Neues. Nur beim Grüßen etwa von Vorgesetzten mussten wir erst angeleitet werden: Rechte Hand an die Kopfbedeckung oder Hitlergruß? Wir brannten für die erste Variante, weil wir uns selbstverständlich für richtige Soldaten hielten, wurden aber enttäuscht. Unbeobachtet übten wir allerdings den militärischen Gruß.

Jungen am schweren Flakgeschütz

Endlich wurde es dann richtig soldatisch-kriegerisch: Wir bekamen alles zu sehen, was zur Fliegerabwehr gebraucht wurde, wie die Kanonen und das Radargerät.

Wir hatten die schwere „Flak 88" mit einer Reichweite von 10 000 Metern zu bedienen. Wichtig kamen wir uns dabei vor. Vier Geschütze, an denen je fünf Mann beschäftigt waren, standen in unsrer Stellung.

Unser normaler Schulunterricht war stark zusammengeschrumpft, oft fielen Stunden wegen einer Übung oder eines Angriffs aus. Unsere Lehrer kamen nur auf „Besuch" zu uns, sie mussten ja weiter ihren regulären Unterricht in der Stadt abhalten. Allerdings waren in diesem Jahr viele Schüler im Rahmen der Kinderlandverschickung aus der Stadt gebracht worden. Wir hatten dafür mehr Unterricht im Militärdienst, dazu gehörte etwa das Geschützexerzieren, Übungen am Radargerät, auch Theoretisches, eher weniger Ideologisches. Hier wurde es ganz praktisch. Wir lernten, unsere Stuben anständig zu reinigen und hatten „Putz- und Flickstunden".

Bei Fliegeralarm, der bei uns früher als in der Stadt ausgelöst wurde, brauchten wir nicht zum Schulunterricht. Da waren wir konkret gefordert.

Unsere Aufgaben waren vielfältig, jeder hatte seinen Platz. Manche saßen wie ich auf einem kleinen Stuhl vor einem ca. drei Meter großen schwenkbaren Spiegel, der die Flugzeuge aufspüren sollte. Auf einer Anzeige vor uns zeigte sich dann das „Ziel", das sich natürlich bewegte. Wir mussten es mithilfe eines Fadenkreuzes weiter verfolgen und die von uns ermittelten Werte wurden dann elektrisch auf die Kanone übertragen. Das Geschütz laden durften wir Flakhelfer allerdings nicht. Aber Tätigkeiten, die etwas Köpfchen und geschickte Hände erforderten, lagen uns ohnehin mehr. Manche hatten die Aufgabe, die Granaten daraufhin einzustellen, in welcher Höhe sie explodieren sollten. Einige von uns saßen auch an der „Umwertung", einem optischen Beobachtungsgerät, einer Art Entfernungsmesser.

Im Sommer 1943 flogen die Amerikaner erste Bombenangriffe auch bei Tag: Ihr Ziel waren die zahlreichen und großen Rüstungsbetriebe der Stadt. Bis zum September 1943 blieben wir in unserer Stellung. Wie andere Soldaten auch hatten wir nur wenig Wochenend- oder anderen Urlaub. Ab und zu liefen wir hinunter in die Stadt ins Kino oder zum Theaterbesuch. Unsere Familien kamen am Sonntag übers Land in unsere Geschützstellung gewandert.

Die verheerenden Bombenangriffe im Oktober des selben Jahres auf unsere Stadt erlebten wir nicht mehr mit – wir hatten Glück, da waren wir schon zum Reichsarbeitsdienst abkommandiert und hatten nicht mehr die Verantwortung für die Abwehr der Bomber.

Jubel und Widerstand: Weiße Rose

Wollt ihr den totalen Krieg? Am 18. Februar 1943 hatte Goebbels die Menge im Berliner Sportpalast aufgeheizt und diese Frage gestellt: Begeistert wurde sie bejaht. Wir konnten das im Volksempfänger dröhnen hören.

Am selben Tag verteilten die Geschwister Hans und Sophie Scholl Flugblätter gegen den NS-Terror in der Münchner Universität. Sie gehörten einer Gruppe an, der „Weißen Rose", die die Naziverbrechen aufs schärfste anprangerte und zum (passiven) Widerstand aufrief.

„Verhindert das Weiterlaufen der atheistischen Kriegsmaschine, ehe es zu spät ist, ehe die letzten Städte ein Trümmerhaufen sind", so konnte man auf den heimlich produzierten Flugschriften dieser Gruppe von Studenten, Professoren, Intellektuellen lesen. „Der deutsche Name bleibt für immer geschändet, wenn nicht die deutsche Jugend endlich aufsteht …"

Die meisten von uns sind nicht aufgestanden, unsere Städte sind wie vorhergesehen dem Erdboden gleich gemacht worden und wir wurden das letzte Aufgebot des Krieges.

Am Abend des 18. Februar wurden die Geschwister Scholl zusammen mit einem Freund von der Gestapo verhaftet, vier Tage später richtete man sie hin. Sie waren kaum älter als wir.

Bombenkrieg

Schon im Herbst 1941 hatten britische Bomber während der Nacht die Rüstungsbetriebe der Stadt im Visier gehabt, ihr Ziel jedoch verfehlt. Gerade wegen der dichten Konzentration solcher Produktionsstätten waren auch wir immer wieder heftigen Bombardements ausgesetzt. Britische Flieger warfen ihre Bom-

Von Bomben zerstört: Deutsche Städte

ben nicht nur über diesen Industriebetrieben ab, sondern auch mehr und mehr über Innenstadt und Wohngebieten, über unseren Wohnungen.

1943, im Jahr als wir zu Flakhelfern wurden, gab es häufig Fliegeralarm. Viele Nächte verbrachten wir ängstlich in Luftschutzkellern und -bunkern. Das scharfe Pfeifen und Heulen der fallenden Bomben und die Ängste, die wir dabei empfanden, waren ein Stück Routine im Kriegsalltag. Rasch nahmen wir bei Fliegeralarm die uns bedeutsamen und liebsten Dinge auf den Arm oder in den Tornister und verschwanden im Keller. Oft gar nicht mehr in Panik, sondern ganz gelassen. Wie viele Nächte saßen wir eng zusammengedrängt zwischen klagenden Frauen, schnarchenden Nachbarn und heulenden Kindern! Dabei stets präsent die Ungewissheit, was mit unserem Haus, unserem Besitz und den Freunden und Verwandten geschehen sein könnte. Würden wir in ein unversehrtes Haus zurückkehren oder hätten wir alles verloren? Hätten wir in unserem Umfeld Verletzte oder gar Tote zu beklagen? Bei all den Überlegungen war am nächsten Tag fast alles wieder „normal" und wir quälten uns müde von der Nacht in die Schule.

Die jüngeren Schulkinder wurden mit zunehmenden Bombardierungen aus der Stadt evakuiert. In Lagern der „Kinderlandverschickung" wurden sie mit ihren Klassenkameraden interniert, versorgt, unterrichtet. Die Kinder lebten in relativer Sicherheit auf dem Lande, doch immer mit der Sorge um die Eltern und Verwandten, die in der Stadt geblieben waren. Manche Kinder sahen ihr Zuhause jahrelang nicht.

Im Oktober 1943 wurde unsere Stadt zerstört. 10 000 Menschen starben in einer Nacht. Die Bevölkerung, unsere Familien, bekam den „totalen Krieg", den Goebbels verkündet hatte, am eigenen Leib zu spüren. In der Stadt, die einmal mehr als 225 000 Bewohner hatte, lebten nach der Zerstörung und der Evakuierung der Ausgebombten nur noch etwa 40 000 Menschen.

Viele von uns, die zu der Zeit schon beim Arbeitsdienst eingesetzt waren, mussten ihre Familien erst suchen. Ihre Wohnungen existierten nicht mehr; die Stadt war ein riesiges Trümmerfeld, kaum wiederzuerkennen.

Noch wochen- und monatelang herrschten chaotische Zustände. Die lebensnotwendigen Bedürfnisse konnten nicht befriedigt werden, die Versorgung der noch verbliebenen Wohnungen mit Strom, Wasser, Gas war unterbrochen, Telefon, Post, Verkehr – nichts funktionierte, lange fuhren keine Straßenbahnen. Wenn wir den Weg von den westlichen Stadtteilen in Richtung Bahnhof nehmen wollten, mussten wir uns durch geröllige Pfade schlagen: vierspurige Straßen waren zu schwer begehbaren Wegen geworden, gespenstisch gesäumt von Ruinen.

Und die Bombardierungen der Stadt hörten nicht auf. Dennoch schienen die Bewohner nicht gänzlich demoralisiert zu sein, sondern eher wütend auf die Angriffe der englischen und amerikanischen Flieger, die man – ganz im Sinne der NS-Propaganda – als Terrorangriffe bezeichnete. Hitlers Kriegsführung war in den Augen vieler nicht der Auslöser gewesen.

Lebensmittelrationen wurden weiter gekürzt und gleichzeitig verstärkte sich der Arbeitseinsatz in den Rüstungsbetrieben. Die Appelle an Einsatzbereitschaft und Opferwillen funktionierten weiterhin. Vermehrt wurden Frauen in den Rüstungsfirmen eingesetzt, viele auch in Dienststellen der Wehrmacht, bei der Post, den Verkehrsbetrieben, als Nachrichtenhelferinnen. Manche Mütter der Klassenkameraden gehörten dazu. Auch unser „Kriegseinsatz der Hitlerjugend", wie bei der Flak, stellte Soldaten für die Wehrmacht frei.

Kriegseinsätze des BdM und der HJ gab es auch in der öffentlichen Personenbeförderung, da Personalmangel bei den Schaffnern herrschte. Junge Frauen, die ihren Kriegshilfsdienst abzuleisten hatten, arbeiteten nach kurzer Anlernzeit als Straßenbahnschaffnerinnen. Auch bei den Mädchen unseres Jahrgangs war der Einsatz als Schülerschaffnerinnen beliebt: in BdM-Uniform und mit der Fahrscheintasche zum Kassieren standen sie nachmittags, am Wochenende oder in den Ferien ganz wichtig auf der Plattform.

Verschickte Kinder

Kinderlandverschickung – das war die schon vor dem Krieg eingerichtete „Landverschickung der Großstadtjugend", genauer die Evakuierung von Kindern und Müttern mit Säuglingen in ländliche Regionen, um sie vor möglichen Luftangriffen zu schützen. Die „Nationalsozialistische Volkswohlfahrt" organisierte die Verschickung der kleineren und Volksschulkinder, die Hitlerjugend die der größeren Schulkinder. Die „erweiterte" Kinderlandverschickung begann Ende 1940, als viele deutsche Städte von Bombardierungen bedroht waren oder schon angegriffen wurden.

Die Kinder wurden in Jugendherbergen, Hotels und Gasthäusern untergebracht, in KLV-Lagern. Sie bekamen vormittags Schulunterricht; einzelne Lehrer mit ihren Familien kamen mit; nachmittags übernahm die Hitlerjugend die Führung. Denn die Schüler mussten neben der Schule ihren Jungvolk- bzw. BdM-Dienst leisten. 15- bis 18-jährige HJ-dienstverpflichtete Schüler und Schülerinnen wie wir wurden

Flaggenappell im KLV-Lager

Im Dienst mit dem Spaten

dazu eingesetzt und waren als Lagermannschaftsführer zuständig für Geländespiele, Märsche und Sportliches am Nachmittag. Zeitweise halfen die Kinder auch in der Landwirtschaft.

Bis 1943 geschah die KLV auf freiwilliger Basis; mit der Eskalation des Bombenkrieges wurden immer häufiger ganze Schulklassen evakuiert oder ganze Schulen verlegten ihren Ort. Für viele Schüler, die ihre Familien vermissten, war es eine schwere Zeit – auch wenn sie in Sicherheit und unter ihren Klassenkameraden waren. Umgekehrt wollten auch manche Eltern ungern ihre Kinder in die komplette Obhut der HJ geben. Aber Freiwilligkeit bestand zu dem Zeitpunkt nicht mehr.

Reichsarbeitsdienst

Es gab keine Pause: Kurz nachdem wir unsere Flakstellung verlassen hatten und unsere Baracken für den nächsten Jahrgang räumten, wurden wir zum Reichsarbeitsdienst (RAD) einberufen. Ab 1935 hatten alle jungen Männer zwischen 18 und 25 Jahren eine sechsmonatige Dienstpflicht abzuleisten.

Der Reichsarbeitsdienst (RAD) war aus dem Freiwilligen Arbeitsdienst der Reformbewegung heraus entstanden und wurde 1931 ein nationalsozialistischer Arbeitsdienst. Ab 1933 unterstand der RAD mit seinem Reichsleiter Hierl dem Reichsarbeitsministerium, ab 1934 dem Innenministerium. 1935 wurde das Gesetz für den Arbeitsdienst erlassen, was die Dienstpflicht, die eben auch uns betraf, begründete. Die zu leistende gemeinnützige Arbeit sollte ganz im NS-Sinn als „Ehrendienst am deutschen Volke" begriffen werden. Sie wollten uns, die Jugend, „im Geiste des Nationalsozialismus zur Volksgemeinschaft und zur wahren Arbeitsauffassung (...) erziehen". Auch die jungen Frauen hatten als „Arbeitsmaiden" ihren Dienst zu absolvieren. Wie wir Jungen in Lagern kaserniert, arbeiteten sie bei der Luftabwehr, z. B. in Flakscheinwerferstellungen und als Rot-Kreuz-Helferinnen.

15. bis 18. LEBENSjahr

Was hatten wir zu tun? Es gab eine Menge von Bauaufgaben, von Straßenbauarbeiten über Deichbau, Bau von Bewässerungsanlagen, besonders in der Landwirtschaft, auch Forstwirtschaft, dann verstärkt militärische Baumaßnahmen wie am Westwall und ab 1942 vorrangig akut „kriegswichtige" Arbeiten an Wegen und Anlagen, direkt hinter der Frontlinie im Osten.

Als uns der Reichsarbeitsdienst holte, im Herbst 1943, war der Krieg in vollem Gange und kaum mehr etwas zu retten. „Arbeitsdienst" im ursprünglichen Sinne als gemeinnützige Arbeit haben wir eigentlich nicht erlebt.

Im Lager herrschte strenge Disziplin und eiserner Drill, aber keine Schikane. Wir hatten eigentlich keine schlechte Zeit, fernab der Heimat und vom Bombenhagel. Sinnvolle Arbeit gab es hier aber kaum für uns. Der Tag verging mit Exerzieren mit Spaten und Gewehr, Sport und dem Putzen von Geräten und Kleidung. Einmal nur wurden wir mit Lastwagen ins Hochgebirge zum „Wilden Kaiser" gefahren, wo wir einen Tag lang Schanzarbeiten verrichten mussten – zum Schutz der „Alpenfestung".

Atempause

Unser Arbeitsdienst war kurz vor Jahresende abgeschlossen – und wieder waren wir in Warteposition. Wir kamen in ein Zuhause, das nicht das alte Zuhause war. Viele unserer Familien lebten provisorisch in einer anderen Wohnung, deren Besitzer die Stadt verlassen hatten. Auf engstem Raum, inmitten fremder Möbel und verschlossener Schränke wohnten wir praktisch „aus dem Koffer". Es war klar,

dass dieser Zustand nur vorübergehend sein würde, aber glücklich waren wir nicht.

Uns angehende Soldaten hielt in diesen Räumen kaum etwas. Es war eine sehr willkommene Zwischenzeit, um sich ein wenig zu erholen und Kraft zu sammeln für das Kommende und um ein bisschen Spaß in schweren Zeiten zu haben. Und das hatten wir. Mit Freunden und Kameraden, mit jungen Frauen, unternahmen wir Ausflüge, besuchten die Verwandtschaft, machten Bootstouren, waren geradezu vergnügungssüchtig. Wir gingen so oft es nur ging ins Kino, das nach den Bombenangriffen rasch notdürftig wieder aufgebaut war. Es gab Tage, da schauten wir gleich mehrere Filme an, einfach weil wir Zeit und keine Verpflichtungen hatten. Wir wanderten auf Trampelpfaden durch die zerstörte Stadt, um unsere Freundinnen zu besuchen und auszuführen – vor dem Hintergrund, sie schon bald mit ungewissem Ziel verlassen zu müssen.

Hinter der Front:
Üben für den Kriegseinsatz

Nach mehr als zwei Monaten Ruhepause vor Ruinenkulissen wurden wir weitergeschickt. Um richtige Soldaten zu werden, mussten wir erst praktisch ausgebildet werden. In unserer Ausbildungskompanie, einem Panzerregiment, lernten wir neben den uns schon geläufigen Aufgaben wie Revierreinigen und Zeugdienst das Scharfschießen mit Maschinengewehren und Pistolen, hatten Waffenunterricht und durften Panzerfahren üben. Nebenbei wurden wir mit Wacheinsätzen und Nachtübungen gequält. Wie viele glaubten wir an Hitlers Wunderwaffen! Sicher waren auch viele in Angst und Sor-

18. Geburtstag in Wehrmachtsuniform

Sylvester 1944

Auf uns wartete noch immer der Einsatz als Soldaten. Es war das letzte Weihnachtsfest, bevor wir an die Front geschickt wurden.

War der Krieg nicht längst verloren? Glaubte da etwa noch einer, dass sich das Blatt wenden könnte? Sollten wir am Ende noch als Kanonenfutter dienen? Wofür noch? Wünschten auch wir nicht endlich das Ende herbei?

Alles war ungewiss und bedrohlich: Eine Verwundung könnte uns treffen, wir könnten in Gefangenschaft geraten oder noch Schlimmeres könnte passieren.

Aber wir feierten, wir tanzten, tranken Wein, waren ausgelassen.

Ich würde meinen Fronteinsatz noch erleben, würde vorbei am brennenden Dresden im Zug nach Ungarn sitzen, würde im Panzer eingesetzt werden, würde auch schießen, ich würde nach kurzer Zeit schwer verwundet werden, das Jahr in Lazaretten verbringen. Ich hätte Zeit nachzudenken, über den Krieg, meine Zukunft und auch darüber, was die Nazis mit uns Jugendlichen angerichtet hatten, wie sie uns fasziniert und unser Denken vereinnahmt hatten. Mit der Verwundung könnte ich weiterleben, auch meine Familie würde überleben; viele andere nicht, Freunde, Väter von Freunden, Verwandte.

Weihnachten 1944 schrieb Dietrich Bonhoeffer an seine Verlobte Maria, als Trost und zum Mutmachen, kurz bevor er hingerichtet wurde:

„Von guten Mächten wunderbar umgeben, erwarten wir getrost was kommen mag, so will ich mit euch diese Tage leben und mit euch gehen in ein neues Jahr."

ge, aber die meisten hatten immer noch ihre Überzeugung und Begeisterung. In der Ausbildungskompanie war man schlecht informiert über die Kriegslage und wollte gar nicht so genau wissen, wie es um die russische Offensive stand. Wir hatten keinen Radiosender auf unserer Stube, der uns mit reellen Nachrichten versorgte. Wir wollten keine beängstigenden Meldungen hören, sondern interessierten uns neben der Ausbildung eher für die Damenwelt. Wenn wir Ausgang hatten, waren wir unterwegs ins Kino, Theater und zu Konzerten – wie in friedlichen Zeiten. Wir amüsierten uns bei der „Feuerzangenbowle" und „Akrobat schön" oder bewunderten die Beine von Marika Rökk im „weißen Traum". Unter strengster Geheimhaltung hörten wir aus dem Grammophon eines – in dieser Hinsicht – rebellischen Ausbilders für uns ganz fremdartige Jazzmusik.

Verschenken Sie
Kindheits- und Jugenderinnerungen ...

Das ganz persönliche Geschenkbuch
„WIR vom Jahrgang"
ist erhältlich für alle Jahrgänge von
1921 bis 1993
Die Reihe wird fortgesetzt.

Die Jahrgangsbände gibt es auch als Ausgabe
„Aufgewachsen in der DDR".
Geschrieben von Autoren, die
selbst im jeweiligen Jahr geboren
wurden und ihre Kindheit und Jugend
in der DDR verbracht haben.
Erhältlich für alle Jahrgänge von
1935 bis 1989

Die Stadt, in der wir aufgewachsen sind,
ist so ganz anders als alle Städte dieser Welt ...

Die neue Buchreihe **„Aufgewachsen in ..."**
– ein Geschenk für alle, die sich gerne an die
Kindheit und Jugend in ihrer Stadt erinnern.

Für Berlin, Bremen, Chemnitz, Dresden, ...
... und viele andere Städte in Deutschland!
Für verschiedene Dekaden 40er & 50er,
60er & 70er ... erhältlich.

Unsere Bücher erhalten Sie im Buchhandel
vor Ort oder direkt bei uns:
Wartberg Verlag GmbH & Co. KG
Im Wiesental 1, 34281 Gudensberg-Gleichen,
Tel.: 05603/93 05-0, Fax: 05603/93 05-28
E-Mail: info@wartberg-verlag.de
Online-Shop: www.wartberg-verlag.de

www.kindheitundjugend.